유대인
생각공부

유대인

유대인을 세계 1%로 만든 생각의 원칙

생각공부

쑤린 지음 | 권용중 옮김

유대인은 무엇이 다른가?

유대인은 수천 년 동안 전 세계를 떠돌면서 학살과 핍박을 당했다. 특히 2차 세계대전 당시에는 나치에 의해 민족이 거의 사라질 위기에 처하기도 했다. 그렇다면 왜 유대인은 이런 불행이 끊이지 않았으며, 하늘은 왜 그들을 버린 자식 취급했던 것일까? 그리고 그들은 어떻게 세계 경제를 주름잡고 자타공인 사업의 천재가 됐을까? 독일이 배출한 세계적인 시인 하이네는 유대인을 이렇게 묘사했다.

"돈은 이 시대의 상제上帝이고, 유대인은 그의 선지자이다."

역사를 되돌아보면 그의 말이 사실임을 알 수 있다. 서아시아에서 흥성하기 시작한 유대민족은 고대 유대교를 신봉하고 예루살렘을 자신들의 성지로 여겼다. 하지만 시간이 흘러 로마제국이 세력을 확장하는 과정에서 유대인은 눈엣가시가 됐다. 로마인은 유대인을 핍박하며 그들의 고향에서 쫓아냈다. 유대인이 쫓겨난 곳은 가장 낙후되고 야만적이라는 북유럽과 동유럽이었다.

그곳에서 시작된 유대인의 삶은 결코 쉽지 않았다. 그곳 사람들은 유대인의 토지 소유와 군 복무를 금하고 수공업에도 종사하지 못하게 했다. 삶의 보금자리를 잃고 고향에서 쫓겨난 유대인은 노예나 짐승 같은 삶을 살아야 했다.

역사의 질곡이 그들을 교육시켰는지, 생사를 넘나드는 고통이 그들을 단련시켰는지는 알 수 없지만 어쨌든 유대인은 고난 속에서 더욱 현명해지고 강해졌다. 유대인은 역경 속에서도 끈질기게 살아남았고, 착실히 돈을 모아 점점 부유해졌다. 이처럼 유대인의 부는 그들의 역사적인 경험에서 상당 부분 기인했다고 볼 수 있다.

로마제국이 멸망하고 유럽 대륙이 봉건시대로 접어들면서 유럽의 경제 규모는 점차 확대됐다. 하지만 중세 시대에는 거의 모든 기독교 국가에서 신분을 막론하고 고리대금업을 하지 못하도록 법으로 엄격히 규제하고 있었다. 하지만 유대인은 예외였다. 그들은 귀족도 아니고 평민도 아니었기 때문이다. 무엇보다 기독교를 믿지 않았던 만큼 유대인에게 돈을 빌리는 것은 불법도 아니고 체면이 깎이는 일도 아니었다.

정부는 유대인을 정치적으로 보호해주었고, 경제적으로도 그들이 사업을 할 수 있도록 편의를 제공하기도 했다. 유대인은 이를 기회로 삼아 점점 부유해져 갔다. 유대인은 이 절호의 기회를 놓치지 않았다.

특히 상업과 금융 분야에서 두각을 보이며 명실상부한 '돈의 선지자'로 자리매김했다. 세계 비즈니스 역사에 길이 남을 유대인 부자들의 이름과 그들이 이룩한 성과, 부의 규모는 이 모든 것을 증명하기에 충분하다.

유대인 또는 유대민족의 피를 물려받은 대표적인 인물로는 세계 최대의 석유 재벌 존 록펠러, 월스트리트를 주름 잡은 존 피어폰트 모건, 유럽과 전 세계 금융업계에 막강한 영향력을 행사한 로스차일드 가문, 미국 경제의 운명을 좌지우지한 미연방준비제도이사회 전 의장 앨런 그린스펀 등을 들 수 있다.

가장 권위 있는 유대인 연합회이자 복지기금연합회인 미국유대인구연구에 따르면 미국의 유대인 100만 가구 가운데 약 90만 가구가 중산층이라고 한다. 특히 유대인 인구는 미국 전체 인구의 3%에 불과하지만 유대인 가정의 43%가 월평균 소득 1만 6,000달러를 넘는다. 참고로 월평균 소득 1만 5,000달러가 넘는 미국인 가정은 전체의 25%뿐이다. 이 통계만 보더라도 유대인 중산층 가정의 소득이 미국의 다른 계층의 두 배 가까이 된다는 사실을 알 수 있다. 「포브스」 지가 발표한 부호 순위도 이를 증명한다. 명단에 오른 세계적인 부자들의 면모와 배경을 살펴보면 유대인 혈통을 가진 사람이 상상한 것보다 훨씬 많다. 결국 우리는 이런 질문을 던질 수밖에 없다.

"유대인은 어떻게 세계가 깜짝 놀랄 만한 성공을 거뒀을까?", "성공으로 가는 그들만의 열쇠는 무엇일까?"

답은 간단하다. 선조로부터 이어져온 사업 경험을 자신들의 사업적 재능과 접목하고 노하우를 길러온 결과다. 또 한 가지는 생각의 힘, 즉 유대인이 가진 독특한 비즈니스 마인드 덕분이다.

유대인은 언제 어디서나 그들의 지혜를 돈과 연결시킨다. 어떤 것이든 유대인의 손에 들어가면 돈과 인연을 맺는다. 그들은 일찌감치 문화와 예술을 포함한 모든 분야를 상품으로 만들었다. 유대인에게 돈을 버는 것은 하나의 신앙이자 삶의 목적이며 존재 이유다. 이처럼 유대인은 천재적 재능을 부와 융합시켰다.

중국 당나라의 시인 한유韓愈는 『사설』에서 "도道를 듣는 것에는 먼저와 나중이 있고, 기술이나 학업에는 전문 분야가 있다"고 했다. 돈을 버는 분야에서는 유대인이 진정한 전문가이며 누구도 그들을 따라올 수 없을 것이다.

왜 유대인은 '부'의 선구자인가? 언제 어디서나 어떻게 하면 돈을 벌 수 있을까를 생각하기 때문이다. 이것이 바로 유대인의 생각공부이자 부를 축적하는 가장 순수한 생각공부다.

차례

4장 협상과 생각공부

협상은 양쪽 모두가 이기는 게임이다

5장 마케팅과 생각공부

고객에 대한 진정성이 전부다

6장 경영과 생각공부

부의 축적보다 중요한 것은 관리다

7장 경쟁과 생각공부
혼자 성공하는 사람은 없다

8장 마인드컨트롤과 생각공부
푸른 숲을 남겨두면 걱정이 없다

9장 기회와 생각공부
잡지 않은 기회는 공상이다

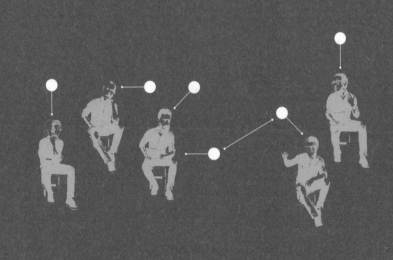

1장

부와 생각공부

생각하면 기회가 온다

부자가 되는 첫걸음은 '생각'이다

생각이 부를 가져온다는 말은 사실일까? 생각은 머리를 써서 문제를 해결하려고 애쓰는 행위 아닌가? 맞다. 생각은 머리를 써서 문제를 해결하는 과정인 동시에 우리에게 부를 가져다주기도 한다. 여기서 말하는 생각은 적극적인 자세, 다시 말해 사물이나 상황을 바람직한 방향으로 이끄는 긍정적인 생각을 전제조건으로 한다.

누구나 생각한다고 말하지만 실제로는 망상이나 공상에 몰두해본 경험이 있을 것이다. 이런 면에서 유대인의 사고방식은 우리와 확실히 다르다. 그들은 부의 축적을 매우 중요한 목표로 생각한다. 한마디로 유대인은 현실을 직시하고 적극적인 자세로 사고하여 부를 축적한다는 목표 달성 능력이 누구보다 탁월하다.

보보어라는 퇴역 군인이 일리노이 주의 한 병원에서 요양하고 있었다. 독서와 사색 말고는 딱히 할 일이 없었지만 생각의 힘을 잘 알고 있던 그는 요양 중에도 공부와 사색을 멈추지 않았다. 어느 날 그는 세탁소에서 다림질을 한 뒤 옷의 청결을 유지하고 변형을 막기 위해 옷깃 부분에 두툼한 판지를 덧댄다는 사실을 알게 되었다. 좀 더 자세한 내용을 알고 싶었던 그는 판지 생산 업체에 편지를 보냈고, 업체로부터 답신을 받았다.

편지에 따르면 옷깃에 들어가는 판지 가격은 1천 장당 4달러라고 했다. 보보어는 편지를 받고 잠시 생각에 잠겼다. 판지에 광고를 실어 1천 장당 1달러씩 받고 세탁소에 팔면 더 많은 세탁소와 협력할 수 있고, 수입도 올릴 수 있을 것이란 생각이 들었다. 생각이 정리되면 곧바로 행동으로 옮기는 것이 유대인의 보편적 성향이다. 전형적인 유대인인 보보어는 퇴원하자마자 자신의 구상을 즉시 실행했다.

그런데 새로운 문제가 생겼다. 잘 다려진 와이셔츠를 받은 고객들은 대부분 옷깃에 끼워져 있는 판지를 버린다는 것이었다. 이 문제의 해결을 위해 그는 새로운 고민을 하기 시작했다.

'어떻게 하면 고객들이 판지를 버리지 않고 광고를 읽게 할 수 있을까?' 그는 금방 해결책을 생각해냈다. 앞면에는 광고를 게재하고, 뒷면에는 아이들이 좋아할 만한 놀이나 주부들이 선호하는 메뉴, 함께 할 수 있는 유머를 싣는 것이었다.

예상대로 보보어의 아이디어는 대박을 쳤다. 심지어 어떤 남편은 아내가 세탁 비용을 너무 많이 쓰는 게 불만이었는데, 알고 보니 아내가 판지에 들어간 메뉴를 모으느라 하루밖에 입지 않은 와이셔츠를 세탁소로 가져갔기 때문이었다.

보보어는 이렇게 구상을 현실화하는 데 성공했고, 돈도 벌었다. 하지만 보보어는 여기서 만족하지 않고 자신의 사업을 더 발전시키는 데 집중했다. 그는 곧장 1천 장에 1달러짜리 판지를 미국세탁업협회에 보냈고, 노조는 모든 회원에게 그의 판지를 추천했다. 이렇게 되면서 보보어의 사업은 더욱 번창했다. 이 과정에서 그는 중요한 교훈을 얻었다. 사람들에게 그들이 선호하는 것이나 바람직한 것을 주면 반드시 자신도 그 혜택을 받는다는 사실이다.

보보어는 치밀한 구상과 계획으로 막대한 부를 쌓았다. 훗날 그는 이렇게 술회했다.

"당신이 누구든, 나이가 몇 살이든, 지금 어떤 상황에 처해 있든, 학력이 높든 낮든 아무 문제가 되지 않는다. 오직 한 가지, 적극적으로만 생각하면 당신도 돈을 벌어 가난에서 벗어날 수 있다."

그렇다. 이것이 바로 유대인의 생각법이다. 공상 대신 긍정적이고 의미 있는 생각을 하라. 유대인이 아니라고 실망할 필요 없다. 이 세상 누구도 선천적으로 돈 잘 버는 유전자를 물려받지 않았고, 아이디어를 잘 짜내는 두뇌를 가지고 태어나지도 않았다. 보보어처럼 유대인은 어떤 상황에서든 적극적으로 생각하며, 이렇게 하면 당연히 돈을 벌 수 있다고 믿는다. 다음 일화는 이를 좀 더 극명하게 보여준다.

─────────── 빈민촌에서 태어난 루디스는 다른 빈민촌 출신의
아이처럼 툭하면 싸움을 하거나 학교에서 도망치기 일쑤였다. 하지만
그에게는 다른 아이들과 달리 돈냄새를 잘 맡는 재주가 있었다. 가령
길거리에 장난감이 버려져 있다면 루디스는 그걸 주워다 고친 뒤 친구
들에게 가지고 놀라고 주었다. 물론 공짜는 아니었다. 친구들이 한 번
장난감을 가지고 놀 때마다 10센트씩 받고 빌려주었다. 이런 식으로
루디스는 일주일 만에 새 장난감 자동차를 살 수 있는 돈을 벌었다. 이
사실을 알게 된 담임선생님이 말했다.

"만약 네가 부잣집 아들로 태어났다면 훌륭한 사업가가 될 수 있었을
거야. 하지만 너에겐 꿈같은 일이겠지. 나중에 기껏해야 노점상이나
되면 다행이구나."

몇 년 뒤 루디스는 선생님 말씀처럼 물품 판매상이 되었다. 그리고 다
른 빈민촌 출신의 아이들과는 비교할 수 없을 정도로 승승장구했다.
그는 철물, 전지, 장난감 자동차, 레몬주스를 비롯한 다양한 제품을 팔
았다. 손재주가 좋아서 어떤 물건이든 척척 만들어냈다. 그중에서도
루이스가 큰돈을 벌 게 된 결정적인 계기는 다른 사람이 버리려던 비
단에 있다.

일본에서 들여온 비단 원단이 운송 도중 폭설을 만나 화학 염료가 번
지는 바람에 상품 가치를 잃고 말았다. 난감해진 일본 상인들은 한시
라도 빨리 못쓰게 된 비단을 처분하고 싶어 했다. 하지만 못쓰게 된 비
단에 관심을 갖는 사람은 아무도 없었다. 원단을 항구로 싣고 가버릴
까도 생각했지만 행여 적발되어 벌금을 물까봐 전전긍긍했다. 결국 그

들은 귀국길에 비단을 바다에 버리기로 했다.

그날 루디스는 자주 가던 술집에서 한 잔 하고 있었다. 우연히 일본 선원들의 대화를 듣게 된 루디스는 기회가 왔음을 직감했다. 다음 날 그는 일본인 선장을 찾아가 항구에 정박해 있는 트럭을 가리키며 말했다. "못쓰게 된 당신들의 비단 원단을 제가 처리해드리겠습니다."

루디스는 돈 한 푼 들이지 않고 화학 염료가 번진 비단을 손에 넣었고, 이것을 이용하여 위장복, 위장 넥타이, 위장 모자를 만들었다. 제품을 팔아 단숨에 10만 달러의 거금을 쥐게 된 루디스는 더 이상 구멍가게가 아닌 명실상부한 기업의 사장이 되었다.

루디스에게 우연히 기회가 찾아왔을 뿐이라고 생각할 수 있다. 하지만 좀 더 깊이 생각해보면 평소 고민하는 데 익숙했던 루디스가 노력에 대한 정당한 보답을 받은 것이다. 루디스뿐 아니라 기업을 일군 모든 부자들의 성공 비결에는 끊임없이 생각하는 습관이 있다. 한 유대인 기업가는 이를 이렇게 표현했다.

"돈 버는 길은 매우 많다. 하지만 모든 돈 버는 길에는 아주 얇은 종이 한 장이 덮여 있다. 결국 이 종이의 존재를 알아채고, 나아가 이 종이를 뚫을 수 있는 '강한 손가락'이 누구에게 있는지가 관건이다."

보보어나 루디스처럼 생각할 때 비로소 기회의 문이 열린다. 진심을 다해 찾아라. 그리고 과감하게 실행하라. 이렇게 하면 언젠가 운명이 바뀌는 순간을 맞이하게 될 것이다.

가까운 곳에
답이 있다

"가난한 사람은 죽을 때까지 부를 추구하는 데 서
툴지만 부자들은 죽을 때까지 꾸준히 부를 추구하고 축적하는 데 탁월
한 능력을 가졌다. 이것이 둘의 차이점이다. 가난한 사람이 가난을 벗
어나지 못하는 이유는, 그들이 모은 돈을 다 써버렸기 때문이 아니라
이 세상에 더는 돈 벌 기회가 없다고 포기하기 때문이다."

미국의 교육자이자 저술가인 러셀 콘웰이 가난한 사람과 부유한 사
람의 차이를 날카롭게 통찰한 명언이다. 콘웰의 말에 당신을 대입해보
라. 당신은 가난한 사람의 생각과 가까운가, 부자의 생각에 가까운가.

대부분의 사람들은 부자가 되는 꿈을 안고 산다. 하지만 실제로 그
꿈을 실현한 사람은 극소수다. 이쯤 되면 우리는 부자가 쉽게 되는 게

아니란 사실을 깨닫게 된다. 그러나 유대인의 생각은 다르다. 그들은 부자가 되는 것을 꿈이라 생각하지 않는다.

그들도 보통 사람과 마찬가지로 부자가 되는 꿈을 꾼다. 다만 우리와 다른 점은 자신의 생각을 확장하고 아이디어를 짜내어 부자가 되는 꿈을 이룬다는 사실이다. 특히 주목할 것은, 대부분의 유대인은 부자가 되는 목표를 먼 미래로 설정하지 않는다는 사실이다. 고개를 숙여 살피다 보면 아주 가까운 곳에 묻혀 있는 다이아몬드를 발견할 수 있다고 믿기 때문이다.

───────────── 알리는 자신의 농장을 소유한 농장주였다. 어느 날 한 노인이 알리를 찾아왔다. 한참 동안 알리와 대화를 나누던 노인은 다이아몬드 얘기를 꺼냈다. 만약 엄지손가락만 한 다이아몬드를 발견한다면 한 나라를 통째로 살 수 있다는 것이었다. 이 말을 듣는 순간 알리는 다이아몬드가 자신이 가진 것과 비교할 수 없을 만큼 값비싼 물건이라고 생각했다.

그날 밤 잠자리에 든 알리는 문득 자신이 매우 가난하며, 앞으로 다이아몬드 광산을 소유해서 가난에서 벗어나리라 마음먹었다.

다음 날 아침, 알리는 잠들어 있는 노인을 깨워 어디에 가면 다이아몬드를 찾을 수 있는지 물었다. 노인이 대답했다.

"흰 모래밭 위를 흐르는 강이 하나 있네. 그 강 양쪽에 깎아지른 듯 높이 솟은 산이 있는데, 거기에 가면 다이아몬드를 찾을 수 있을 걸세."

그 말을 들은 알리는 서둘러 농장을 팔고 이웃에게 집을 부탁한 뒤 다이아몬드를 찾아 떠났다. 그 후 오랜 시간이 흘렀다. 알리는 무수히 돌아다녔지만 다이아몬드를 찾을 수 없었다.

어느 날 그는 바르셀로나의 한 해안가에 도착했다. 지칠 대로 지쳐 숨이 끊어지기 직전이었다. 순간 알리는 설명할 수 없는 어떤 충동에 휩싸여 바다로 뛰어들었고, 곧 거대한 파도 속으로 사라졌다.

한편 알리의 농장을 사들인 새 농장주에게는 낙타가 있었다. 어느 날 그는 낙타에게 물을 마시게 하려고 화원으로 갔다. 그곳에서 그는 화원 사이를 흐르는 개울 바닥의 흰 모래밭에서 반짝이는 이상한 물체를 발견했다. 그곳을 파보니 무지개처럼 찬란한 빛이 나는 크고 검은 돌 하나가 나왔다. 노인은 그것이 다이아몬드라고 했다. 새 농장주와 노인은 화원으로 달려가 바닥을 파기 시작했다. 잠시 후 그들은 이미 발견한 다이아몬드보다 더 아름답고 큰 다이아몬드를 캐냈다. 한 사람이 갖은 고생을 하며 평생을 애썼지만 찾지 못한 보석을 어떤 사람은 아무런 힘도 들이지 않고 쉽게 얻은 것이다.

다분히 허구적인 요소가 들어 있는 일화다. 하지만 이 이야기가 주는 교훈은 매우 실용적이고 분명하다. 의외로 많은 꿈이 우리가 생각하는 것만큼 멀리 있지 않다. 우리 발밑에 어떤 보물도 묻혀 있지 않다고 장담할 수 없다. 중요한 것은 사고의 폭을 넓혀 보통 사람을 뛰어넘는 대담함과 패기를 갖출 수 있느냐 하는 것이다. 유대인이 돈 버는 분야에서 항상 승리할 수 있었던 원동력도 대담한 생각과 관련이 깊다. 다음 일화를 읽어보면 이를 좀 더 명확히 이해할 수 있다.

———————— 심리상담 일을 하는 존슨과 변호사 안나는 부부다. 두 사람 모두 자신의 분야에서 능력을 발휘하고 있으며, 수입도 꽤 좋은 편이었다. 하지만 둘의 마음속은 새로운 분야를 개척하고 싶은 욕구로 가득 차 있었다. 자신들만의 사업으로 더 많은 돈을 벌고 싶은 꿈이었다. 본업 말고는 특별한 기술이 없었지만 둘은 열심히 노력하면 큰 돈을 벌 수 있는 아이디어가 분명 떠오를 것이라고 믿었다. 그렇게 오랫동안 고민한 끝에 존슨은 영화 마니아인 자신의 취미를 살려 비디오 대여점을 차리기로 했다.

안나와 함께 가게를 열 장소를 찾으러 다니는 존슨의 눈에 번화한 상가 밀집 지역이 눈에 들어왔다. 하지만 그 지역에는 이미 여러 개의 비디오 대여점이 자리를 잡고 있었다. 존슨은 오히려 이것이 좋은 기회가 될 수 있다고 생각했다.

그는 먼저 앞서 터를 잡은 대여점을 돌아다니며 어떤 영화가 고객들에게 인기가 있는지를 조사했다. 그 결과 오스카 수상작이나 세계 각지의 유명한 작품들이 인기가 많다는 사실을 확인했다. 물론 대여점에는 별로 인기가 없거나 흥행에 성공하지 못한 영화도 많았다. 이런 작품들은 대부분 눈에 잘 띄지 않는 구석에 먼지를 뒤집어쓴 채 오랫동안 방치되어 있을 뿐 찾는 사람이 거의 없었다. 존슨과 안나는 이런 작품들을 모아 코너를 마련하면 고객의 눈길을 끌 수 있을지 모른다고 판단했다.

그들은 곧 비디오 대여점을 오픈했다. 그러고는 오스카 수상작과 세계 각국의 유명한 영화들 외에 희귀하고 특이한 작품들을 취급하는 코너를 따로 만들어 재밌는 푯말을 세웠다.

'우리는 이 지역에서 가장 저질스러운 비디오를 대여합니다.'

이 작은 차이 하나로 존슨 부부의 비디오 대여점은 연 30만 달러의 순익을 기록했다. 존슨은 이렇게 가장 가까운 것에서 시작, 대담한 상상과 구상으로 치열한 레드오션에서 살아남았다. 물론 자신만의 사업을 성공시키겠다는 꿈도 이뤘다.

당신은 존슨처럼 할 수 있는가? 당신이라면 아무도 눈길을 주지 않는 작품에, 그것도 전문 코너를 따로 만들어 선보일 생각을 할 수 있는가? 아마 대부분은 그렇게 하지 않을 것이다. 돈을 벌기는커녕 굶어 죽는 길이라고 생각할 테니 말이다. 하지만 유대인 존슨의 생각은 달랐다. 그리고 자신의 생각이 옳았음을 증명했다. 여기서 우리는 유대인의 생각과 돈 버는 노하우에 대한 사고방식을 확인할 수 있다. 이 일화는 부자가 되는 방법을 눈앞, 즉 가장 가까운 곳에서 찾을 때 예상보다 훨씬 쉽게 목표를 달성할 수 있다는 것을 보여준다.

머리를 써서 고민해야 부자가 될 기회를 발견할 수 있다. 시기나 단계에 따라 기회는 여러 방향에서 용솟음친다는 사실을 잊지 마라.

부의 문을 여는 열쇠는
한 개가 아니다

큰맘 먹고 산 옷을 입고 출근했는데 공교롭게도 동료가 똑같은 옷을 입고 왔다면 기분이 어떻겠는가? 난처하다는 말로는 부족할 만큼 얼굴이 화끈거릴 것이다.

비즈니스도 비슷하다. 특히 유대인은 이런 경향이 두드러진다. 그들의 말을 빌리면 '정해진 틀에서 벗어나 남과 다른 생각을 할 줄 알아야 성공'할 수 있다.

유대인은 세계적인 민족이다. 전 세계가 공산주의와 자본주의로 나뉘어 대립하던 시절에도 그들은 변함없이 자신들의 비즈니스를 했다. 볼셰비키 혁명으로 소련이 막 탄생할 무렵에도 다른 자본가들은 신생 소련을 몹시 두려워하며 경계했지만 아먼드 해머라는 유대인은 대담하게 길을 개척해 소련에서 막대한 부를 축적했다.

해머는 구소련에서 다양한 사업을 펼쳤다. 의료기기를 팔았고, 밀을 가죽 제품으로 교환하기도 했으며, 100만 켤레의 미국 군화를 구소련에 판매하기도 했다. 뿐만 아니라 구소련 학생들에게 판매한 해머표 연필은 무려 1억 자루에 달한다. 레닌은 연필을 판매한 해머의 휴머니즘을 극찬했으며, 붉은 자본가라는 명예로운 칭호를 수여했다.

해머는 끊임없이 혁신했고, 그의 사고방식은 언제나 시대상황과 맞닿았다. 나중에는 골동품과 문화재 수집에 손을 댔고, 위스키 제조와 축산업에도 진출하여 막대한 부를 축적했다. 후에는 리비아에서 석유 채굴업에 뛰어들어 그가 경영하는 석유회사를 세계 석유회사 랭킹 상위권에 올려놓았다. 미중 관계가 개선된 뒤에는 전용기로 중국을 오가며 중국에도 투자했다. 대담하고 지칠 줄 모르는 해머의 패기에 감탄사가 절로 나온다. 용기, 대담함, 패기 말고 어떤 말로 그를 찬탄할 수 있겠는가.

우리는 그를 통해 유대인의 지혜와 뛰어난 사업수완을 엿볼 수 있다. '남이 생각하지 못하는 것을 나는 생각한다', '남이 엄두도 내지 못하는 일을 나는 한다'는 생각은 예뻐지는 데 최선을 다하는 여성들이 예쁜 옷을 입으며 기대하는 효과와 거의 일치한다. 그래야 더 많은 사람들이 나를 쳐다보고, 그래야 만족과 과시욕을 동시에 충족할 수 있으니 말이다. 유대인 입장에서 더 많은 사람은 더 많은 돈을 벌 수 있다는 뜻이고, 과시욕은 더 많은 부를 축적할 수 있다는 의미다.

돈을 벌려면 두뇌 회전이 좋아야 하고, 명석한 두뇌를 제대로 활용하면 큰돈을 벌 수 있다. 지혜와 명석한 두뇌를 잘 활용하면 생각의 폭이 넓어지고 개방적으로 바뀌는 만큼 고정관념과 패러다임에서도 쉽게 벗어날 수 있다. 그리고 이를 바탕으로 다른 사람이 찾지 못하거나 찾을 엄두조차 내지 못하는 기발한 아이디어를 생각해낼 수 있다. 장난감을 고쳐 팔아 돈을 번 빈민촌 출신 소년 루디스가 그랬고, 특이한 비디오를 빌려주어 성공한 존슨이 그랬다. 이들의 공통점은 남들이 생각하지 못한 아이디어를 생각해냈다는 데 있다. 마찬가지로 자신만의 영역을 개척하여 다이아몬드의 왕이 된 티파니의 이야기를 살펴보자.

──────────── 티파니는 천재 사업가였다. 이렇게 단언하는 이유는 그의 비범한 사업가 정신 때문이다. 젊은 시절 그가 뉴욕 브로드웨이에 작은 점포를 열었을 때만 해도 그를 주목하는 사람은 없었다.
어느 날 티파니는 대서양 해저를 관통하는 전신 케이블이 파손돼 미국 전신국이 이를 교체해야 한다는 소식을 들었다. 절호의 기회가 왔음을 직감한 티파니는 즉시 폐기된 케이블을 사들였다. 주변 사람들은 그의 행동을 보면서 무모하고 미쳤다고 생각했다.
남들이 어떻게 생각하든, 뭐라고 말하든 상관없이 그는 케이블을 수많은 금속 조각으로 분해한 뒤 예쁜 액세서리를 붙여서 포장했다. 그러고는 이를 기념품으로 재가공하여 판매했다. 모두의 예상과 달리 이 기념품은 날개 돋친 듯 팔려나갔다.
돈을 번 그는 큰돈을 들여 황후인 외제니 드 몽티조가 갖고 있던 아름다운 다이아몬드를 사들였다. 범상치 않은 광채의, 한눈에도 진귀한 보석이었다. 티파니는 이 다이아몬드를 위한 전시회를 개최했고, 황후의 다이아몬드를 보기 위해 세계 각지에서 사람들이 몰려들었다. 전시회를 통해 티파니는 수십억 달러의 돈을 벌어들였다. 이렇게 티파니는 세계에서 가장 진귀하고 독특한 다이아몬드를 취급하며, 자신의 아이디어를 불후의 매력과 아름다움으로 승화시켰다. 세상 사람들은 그에게 다이아몬드의 왕이라는 별명을 붙여주었다.

만약 당신이 대서양 해저를 관통하는 전신 케이블이 파손됐다는 소식을 들었다면 어떻게 했겠는가? 대부분은 나와 상관없는 일이라고 생각했을 것이다. 설령 그것을 사들였다고 해도 미쳤다고 말하는 사람들 말에 흔들리고, 무모하다는 말에 마음이 요동쳤을 것이다. 하지만 티파니는 자신의 방식대로 움직였고, 자신의 길을 갔다. 이것이 바로 일반인과 유대인의 차이다.

부는 단순히 금전이나 물질만 의미하지 않는다. 지혜와 패기, 역량이 합쳐진 종합적인 가치다. 부의 문을 여는 열쇠는 한 개가 아니다. 독창적인 아이디어에 남들이 한 번도 가지 않은 새로운 세상을 여는 열쇠가 숨겨져 있다는 사실을 잊지 마라.

권위 속에서는
생각이 자라지 않는다

생각은 개인에게든 민족에게든 모두에게 필요하며, 삶과 죽음을 가르는 중요한 요소이기도 하다. 그러나 개인과 민족마다 다른 생각을 하고, 문화적·사회적 배경에 따른 차이도 존재한다. 유대인도 마찬가지다. 다른 점이 있다면 유대인은 하나의 생각만을 강요하지 않는다는 것이다.

유대인 역시 권위를 존중한다. 그러나 맹목적으로 따르는 일은 결코 없다. 유대인은 스스로 생각하고 자신만의 두뇌와 지혜로 사고하는 것을 중요시하며, 기존의 틀에 얽매이거나 권위 또는 관점에 속박되기를 거부한다. 『탈무드』에 소개된 다음 일화를 읽어보자.

─────────── 랍비가 한 젊은이에게 물었다.

"유대인 두 명이 굴뚝에 올라갔다가 그 안으로 떨어졌다네. 한 명은 재
투성이가 됐고 다른 한 명은 아주 깨끗했지. 누가 목욕을 했겠나?"

젊은이는 자신 있는 표정으로 답했다.

"당연히 재투성이 사람이죠."

그러자 랍비가 말했다.

"틀렸네. 온몸이 재투성이인 사람은 옷이 깨끗한 사람을 보면서 '내 몸
도 저 친구처럼 깨끗하겠지'라고 생각했네. 반대로 깨끗한 사람은 재
투성이인 사람을 보면서 '나도 저 친구처럼 재투성이겠지'라고 생각했
지. 그러니 목욕하는 사람은 몸이 깨끗한 사람일세."

랍비가 또 물었다.

"두 사람이 다시 굴뚝으로 떨어졌다면 이번엔 누가 목욕을 하겠나?"

젊은이는 이번에는 깨끗한 사람이라고 답했다. 하지만 이번에도 랍비
의 대답은 예상을 빗나갔다.

"또 틀렸네. 깨끗한 사람은 목욕을 하려다가 자신이 그다지 더럽지 않
다는 사실을 알게 됐지. 하지만 재투성이가 된 사람은 깨끗한 사람이
목욕을 하려는 이유를 깨달은지라 이번에는 그가 목욕을 했다네."

랍비가 세 번째 질문을 던졌다.

"세 번째로 굴뚝에서 안으로 떨어졌다면 이번엔 누가 목욕을 하겠나?"

젊은이는 재투성이인 사람이라고 답했다. 그러자 랍비가 말했다.

"또 틀렸네. 생각해보게, 두 사람이 같은 굴뚝에서 떨어졌는데 어찌 한
사람만 재투성이가 되고 다른 한 사람은 멀쩡할 수 있겠나."

이처럼 스스로 생각하도록 유도할 뿐 어떤 권위 있는 설명도 제시하지 않는 것이 유대인 문화의 핵심이다. 그들은 생각을 자유롭게 밝힐 수 있어야 지혜가 샘솟고, 한 단계 발전할 수 있으며, 나아가 민족 전체가 발전할 수 있다고 믿는다. 노벨상 수상자 중에 유대인이 유독 많은 것도 권위에 복종하지 않고 스스로 생각하여 의견을 드러내는 데 익숙한 생각습관 덕분이다.

────────── 대영도서관이 너무 낡아 새 건물로 이사를 해야 했다. 신관을 개관하려면 구관에 소장된 도서를 모두 옮겨야 하는데, 이 과정에서 문제가 발생했다. 물론 이사업체가 책을 차량에 실어 신관으로 옮겨가면 되니 특별히 어려울 것은 없었다. 문제는 비용이 예산을 훨씬 초과한다는 점이었다. 게다가 우기를 앞둔 시점이라 제때 이사를 하지 않으면 심각한 문제가 발생할 수도 있었다.

관장은 고민했지만 딱히 방법이 없었다. 이때 도서관에서 일하는 한 유대인 직원이 다가와 말했다.

"저에게 좋은 아이디어가 있습니다. 그런데 150만 파운드가 듭니다."

관장은 비용이 예산 범위를 넘지 않는다며 어떤 아이디어인지 빨리 말해보라고 재촉했다. 그 말에 직원은 즉답을 피하며 말했다.

"좋은 아이디어도 하나의 상품이라고 생각합니다. 조건이 있습니다."

관장은 직원에게 조건이 무엇인지를 물었다.

"만약 150만 파운드로 부족하다면 추가 비용은 제가 도서관에 기부하는 셈 치고 내겠습니다. 반대로 돈이 남는다면 그 돈을 제게 주십시오."

관장은 즉시 대답했다.

"문제없네. 원래 350만 파운드를 예상했거든. 그런데 자네가 150만 파운드면 충분하다고 하니 어디 한번 말해보게. 그럼 곧바로 일을 추진하지. 남는 비용은 자네에게 주겠네."

돈을 벌 좋은 기회라고 생각한 직원은 즉시 관장에게 계약을 요구했고, 계약서를 쓰고 난 뒤 자신의 계획을 실행에 옮겼다. 그 결과 150만 파운드 중 일부만 쓰고도 도서관에 있던 책을 모두 옮기는 데 성공했다. 그가 사용한 방법은 무엇이었을까? 답은 도서관 명의로 그가 신문에 낸 기상천외한 광고 문구에 있었다.

'오늘부터 대영도서관의 책을 시민들에게 무제한 대여함.

단, 구관에서 대출하여 신관에 반납하는 경우에 한함.'

정말로 기발한 아이디어 아닌가? 풍부한 지혜와 사고력의 힘을 느낄 수 있는 일화다. 결론은 분명하다. 보통 사람들이 정해진 틀에 얽매여 새로운 것을 생각하지 못할 때 명석한 사람들은 자신만의 독특한 사고로 사람들의 입에서 감탄사가 나오게 한다. 바로 이런 생각이 유대인에게 수많은 성공의 기회를 가져다주었다.

유대인뿐 아니라 모든 사람이 살아가면서 많은 어려움에 직면한다. 이를 해결하려면 스스로 생각할 줄 알아야 한다. 스스로 사고하다 보면 문제의 실마리가 보이고, 결국 문제를 해결할 수 있다. 이런 점에 비춰볼 때 생각은 즐거움의 다른 이름이 아닐까?

상대가 가려워하는 곳을
긁어주는 방법

        돈을 벌어 성공하고 싶다면 끊임없이 변하는 상대방의 욕구를 정확히 파악해야 한다. 낚시를 좋아하는 사람이 자기가 바나나를 좋아한다고 해서 낚싯바늘에 바나나를 끼워서는 안 되는 것과 같은 이치다. 물고기는 과일보다 지렁이를 더 좋아하기 때문이다. 저명한 연설가 러셀 콘웰도 이렇게 말했다.

  "당신이 어떤 일에 종사하든, 살면서 어떤 일을 처리하든, 행동에 앞서 타인이 원하는 것이 무엇인지 고민해야 한다. 그것이 바로 성공 비결이다. 타인의 욕구를 파악해야 그곳에 힘과 노력을 쏟아 부을 수 있기 때문이다."

━━━━━━━━━━━━ 장사가 안 돼 울상인 주인이 있었다. 어느 날 친구 하나가 그에게 식당 이름을 오륜五輪으로 바꾸고 간판에 동그라미 여섯 개를 넣으라고 조언했다. 주인은 의아했지만 친구의 말을 따랐다. 간판을 바꾸고 난 뒤 이상한 일이 벌어졌다. 지나가던 사람들이 간판을 향해 손가락질을 하는 것이었다. 심지어 가게로 들어와 두리번거리며 종업에게 간판에 동그라미가 하나 더 있다고 알려주기도 했다. 그들은 자신의 날카로운 눈썰미를 스스로 칭찬하며, 그 관찰력을 매우 자랑스러워했다. 식당에 들어온 사람들은 주방에서 흘러나오는 기분 좋은 음식 냄새와 깔끔한 인테리어, 예의 바른 종업원들의 매너에 자신도 모르게 식욕이 생겨 자리에 앉아 식사를 했고, 식당을 나서면서도 칭찬을 아끼지 않았다.

이렇게 점점 입소문이 나면서 식당은 유명세를 치르게 됐다. 입이 귀에 걸린 사장이 싱글벙글하며 친구에게 물었다.

"이름만 바꿨을 뿐인데 어떻게 이렇게 대박이 난 거지?"

친구가 웃으며 대답했다.

"자네, 사람들이 제일 좋아하는 게 뭔지 아나? 남 흉보는 걸세. 무슨 말인지 알겠지? 사람들이 가려워하는 곳을 잘 긁어주면 돈 버는 건 시간 문제라네."

어떻게 보면 개그 코너의 만담처럼 시시하게 느껴질 수도 있지만 이 일화가 시사하는 바는 매우 크다. 다음 이야기를 살펴보자.

─────────────── 미국 최대의 증기기관차 제작사인 볼드윈의 회장
포클랜드는 자수성가의 입지전적인 인물이다. 젊은 시절 볼드윈에서
평범한 직원으로 일하던 포클랜드는 우연한 기회에 회장에게 아이디
어를 제공하면서 두각을 나타내기 시작했다.

당시 회장은 사무용 건물을 짓기에 여러모로 적합한 땅을 샀다. 하지
만 그곳에는 이미 100여 세대에 달하는 주민이 수십 년째 터를 잡고
살고 있었다. 갑자기 퇴거를 통보하면 반감을 살 수 있는 상황이었다.
실제로 주민들 사이에서 평판이 좋은 아일랜드 출신 노부인이 주민들
과 합심해 이사를 가지 말자며 부추기고 있었다. 볼드윈으로서는 속수
무책이었다. 어쩔 수 없이 법에 호소해야 할 상황에 이르렀다. 포클랜
드는 사태를 지켜보며 생각에 잠겼다.

'법으로 밀어붙인다면 문제는 해결할 수 있겠지만 회사도 큰 비용을
지불해야 할 거야. 뿐만 아니라 법적 절차를 따라야 하니 업무 진행 속
도가 예상보다 느려질 수도 있어. 가장 좋은 방법은 주민들을 설득해
서 스스로 이사하게 만드는 거야.'

포클랜드는 아일랜드 노부인에게서 문제 해결의 돌파구를 찾았고, 자
신의 생각을 회장에게 보고했다. 회장은 큰 기대 없이 포클랜드에게
한번 시도해보라고 지시했다.

포클랜드가 마을을 찾았을 때 노부인은 계단에 앉아 바람을 쐬고 있었
다. 천천히 그녀에게 다가간 포클랜드는 일부러 심각한 표정을 지으며
노부인 앞을 서성거렸다. 안절부절못하는 그의 모습에 노부인이 먼저
말을 건넸다.

"젊은이, 무슨 걱정거리라도 있나?"

포클랜드는 대답 대신 노부인의 신변에 관한 문제로 화제를 돌리며 안쓰럽다는 듯이 말했다.

"할머니께서는 이 동네에서 마음 편하게 살고 있다고 생각하시겠지만 제가 보기에는 좀 안쓰러워요. 소문에 이곳이 곧 헐릴 예정이라 주민들이 동요하고 있다는데 사실인가요? 차라리 할머니께서 그분들이 지금보다 더 살기 좋은 곳으로 이사할 수 있도록 알아봐주는 게 낫지 않을까요? 그렇게 되면 사람들이 할머니를 더 믿고 의지할 것 같거든요. 할머니께서도 지금처럼 따분한 시간을 보내지 않아도 되고요."

노부인은 포클랜드의 말에 자신이 존경받고 칭찬받는다는 느낌이 들었다. 자신이 주민들에게 얼마나 중요한 존재인지 새삼 깨달은 노부인은 당장 행동에 나섰다. 동분서주하며 마을 주민들에게 이사할 곳을 알아봐주고, 지금보다 조용하고 쾌적한 곳으로 이사할 수 있도록 애써주었다. 이렇게 볼드윈 사는 자연스럽게 위기를 해결했다. 시간과 비용을 크게 쓰지 않았고, 무엇보다 평화적인 방법으로 깔끔하게 문제를 해결했다.

대부분의 사람들은 자신의 욕구를 가장 중요하게 생각한다. 하지만 타인의 욕구를 세심하게 관찰하고 이를 충족시켜주는 것은 신뢰와 성원을 얻는 일이다. 어떤 사업을 하든, 누구와 만나든 상대방의 이런 심리를 파악할 수 있어야 한다.

──────────── 얼마 전에 직장을 잃은 애더슨은 하릴없이 온종일 집에서 뒹굴었다. 일자리를 알아보라는 아내의 다그침에 그는 밖으로 나왔다. 하지만 어디에 가서 어떤 일자리를 찾아야 할지 막막했다. 방법도 떠오르지 않고 심심하기도 했던 애더슨은 정처 없이 걸었다.

걷다 보니 어느새 해변까지 오게 되었고, 애더슨은 멍하니 바다를 바라보았다. 피곤해진 애더슨은 해안가의 큰 바위에 걸터앉아 생각했다.

'저 바다처럼 중간에 해고될 걱정 없는 직장은 없는 걸까?'

그러다 우연히 머리를 숙인 애더슨은 바닷물에 침식된 나무토막 하나를 발견했다. 그는 주머니에서 작은 칼을 꺼내 나무토막을 깎기 시작했다. 나무토막은 얼마 지나지 않아 작은 나무인형으로 바뀌었다.

애더슨은 해가 거의 질 무렵 집으로 돌아가려고 일어섰다. 그런데 애더슨이 깎은 나무인형을 본 아이들이 서로 갖겠다고 싸우는 게 아닌가. 애더슨은 어쩔 수 없이 나무토막을 하나 더 구해서 인형을 만들었고, 그제야 아이들은 조용해졌다.

이 모습을 애더슨의 이웃집에 사는 유대인이 바라보고 있었다. 그가 한 가지 아이디어를 냈다.

"장난감을 만들어 팔면 어때요? 분명히 큰돈을 벌 수 있을 텐데요."

애더슨이 말했다.

"어떤 장난감을 만들어야 할지 모르겠어요."

"그거야 당신 아이들에게 물어보면 간단하죠."

유대인의 말에 애더슨이 다시 입을 열었다.

"그게 무슨 소용입니까. 제 아이들과 다른 집 아이들이 갖고 노는 장난감은 완전히 다른 걸요."

그러면서도 애더슨은 유대인의 아이디어를 받아들였다. 아이들에게 어떤 장난감을 갖고 싶은지 물어보았다. 딸 미라는 침대와 세숫대야 받침대, 작은 우산을 갖고 싶어 했고, 아들 루이스는 장난감 마차와 나무인형을 원했다. 그러면서 평생 가지고 놀 수 있을 만큼 장난감이 많았으면 좋겠다는 말을 덧붙였다.

아이들이 무엇을 원하는지 파악한 애더슨은 튼튼한 장작을 구했다. 비싸고 질 좋은 목재를 살 돈이 없으니 주변에서 주워왔다. 이런 식으로 색깔을 칠하지 않은 튼튼한 나무 장난감을 하나씩 만들어냈다.

몇 년 뒤, 이 장난감들은 전 세계로 팔려나갔다. 처음에는 한두 푼 버는 수준에 그쳤지만 시간이 갈수록 버는 돈이 많아졌고, 애더슨은 마침내 큰 부자가 됐다. 훗날 애더슨은 자신의 성공 비결을 이렇게 말했다.

"먼저 자신의 자녀들이 무엇을 좋아하는지 알아낸 뒤 다른 집 아이들이 무엇을 좋아하는지 알아내야 합니다. 그래야 타인의 마음을 이해할 수 있습니다. 그게 바로 제가 제조업에서 성공한 비결입니다."

상대가 가려워하는 곳을 긁어주는 것이 왜 효과적인지를 잘 알려주는 일화다.

상대의 탐욕을
이용하라

유대인은 머리가 유연해야 돈을 벌 수 있다고 믿으며, 실제로도 그렇다. 돈을 사랑하고 벌 줄도 알지만 그들이 가장 사랑하는 것은 지혜, 즉 두뇌다. 두뇌가 유연하고 지혜가 남달라야 더 많은 돈을 벌 수 있다는 사실을 알기 때문이다.

──────── 다니엘이 다니는 공장에서는 보온성이 뛰어난 나사 원단을 주로 생산했다. 어느 날 한 근로자의 실수로 원단에 흰 얼룩이 지는 심각한 사고가 발생했다. 공장 규정에 따르면 얼룩진 원단은 시장에 출시하는 것은 고사하고 폐기할 수밖에 없었다. 공장장은 다니엘에게 얼룩진 원단을 소각하라는 지시를 내렸다. 하지만 다니엘은 공

장장에게 싼 값에 그 원단을 사고 싶다고 말했다. 공장장 입장에서는 폐기하려던 원단을 사겠다고 하니 미안한 마음 한편으로 손실이 줄어든다는 생각에 다니엘의 요청을 수락했다.

다니엘은 얼룩진 원단에 눈꽃 원단이라는 멋진 이름을 붙여 일반 원단보다 두 배 높은 가격으로 시장에 팔았다. 결과는 대박이었다. 처음 보는 예쁜 나사 원단에 사람들의 이목이 쏠리면서 원단이 모두 동났고, 눈꽃 원단은 곧 최고의 패션 아이템으로 떠올랐다. 다니엘은 아예 불량 나사 원단을 전문적으로 생산했고, 벼락부자가 되었다.

불량 원단 제품이 날개 돋친 듯 팔릴 줄은 아무도 예상하지 못했다. 원단이 특이해서라기보다 다니엘의 두뇌가 유연했기에 가능한 일이었다. 에드워드 보크의 일화도 살펴보자.

─────────── 여성 잡지 「레이디스 홈 저널」의 편집장인 에드워드 보크는 어릴 때부터 잡지를 창간하겠다는 야무진 목표를 세웠다. 오랫동안 이 목표를 위해 노력했고, 기회 앞에서는 늘 신중했다.

어느 날 그는 한 행인이 담뱃갑 안에 들어 있는 종이 한 장을 뜯어내 길 위에 아무렇게나 버리는 모습을 목격했다. 자세히 보니 그 종이에는 유명 여배우의 사진이 인쇄돼 있었고, 바로 아래에는 '이것은 여러 장의 사진 중 하나입니다'라는 문구가 쓰여 있었다.

종이를 뒤집어보니 아무것도 없었다. 보크는 뒷면에 사진 속 인물의 경력을 넣으면 값이 크게 높아질 것이라고 판단했다. 그는 즉시 같은 종이를 인쇄하는 회사의 사장을 찾아가 자신의 생각을 얘기했다. 사장도 현실성이 높은 아이디어라고 판단했다.

"좋은 생각이네. 자네가 유명 인사 100명에 대한 인물평을 100자씩 써 온다면 한 편당 10달러씩 주겠네."

보크는 생애 최초로 글 쓰는 일을 얻게 됐다. 그 후 보크의 인물평을 요청하는 사람들이 늘어났고, 그는 다른 사람의 도움을 받아야 할 만큼 바빠졌다. 보크는 편당 5달러의 원고료를 주는 조건으로 동생을 고용했고, 나중에는 뉴스 기자 5명을 추가로 고용했다. 업무량은 점점 늘어났고 글의 주제는 다양해졌다. 그의 글을 요청하는 고객 역시 꾸준히 늘어갔다. 나중에 그는 성실함과 근면함을 바탕으로 유명한 편집장이 됐다.

담뱃갑 안에 있는 보잘것없는 작은 종잇조각에서 보크는 큰돈을 벌 수 있는 기막힌 기회를 발견했다. 만약 그의 머리가 유연하지 않았다면 이런 결과는 불가능했을 것이다. 유대인은 이처럼 포착한 기회를 발 빠르게 현실로 바꿔내는 능력이 있다. 기회가 주어지지 않는다고, 인복이 없다고, 집안이 좋지 않아 기회가 없다고 말하지 마라. 유대인 역시 같은 상황이었지만 유연한 두뇌로 성공을 쟁취했다.

─────────── 페르난도는 한 상점의 판매원으로 일하고 있었다. 어느 날 작은 마을에 간 그는 수중에 돈이 없어 밥을 먹을 수도, 잠잘 곳을 구할 수도 없었다. 페르난도는 숙식을 해결하기 위해 근처의 유

대교 교회의 집사를 찾아갔다. 숙식을 부탁하는 페르난도에게 집사가
말했다.

"자네가 찾아온 오늘은 마침 금요일이 아닌가? 미안하지만 금요일에
는 찾아오는 빈자들이 너무 많아서 여기에는 자리가 없네. 금은방을
운영하는 시멜의 집에 가보게. 그 집에는 손님이 없을 걸세. 그 사람은
나그네의 방문을 일절 받아들이지 않거든."

집사의 말에 페르난도는 "그는 분명히 저를 맞이해줄 겁니다"라고 말
하고는 시멜의 집으로 가 대문을 두드렸다.

잠시 후 시멜이 나와 문을 열었다. 페르난도는 신비로운 분위기를 풍
기며 시멜을 한쪽으로 데려가 외투 주머니에서 벽돌만 한 묵직한 가방
을 꺼낸 뒤 나지막한 소리로 물었다.

"벽돌만 한 크기의 금은 가격이 얼마나 나갈까요?"

시멜의 눈이 번쩍 빛났다. 하지만 그때는 이미 안식일이 시작돼 사업
에 관한 얘기를 계속할 수 없었다. 그렇지만 큰 사업을 포기할 수 없었
던 시멜은 서둘러 그를 자신의 집으로 들였다. 다음 날 해가 지면 사업
얘기를 계속할 심산이었다.

이렇게 페르난도는 안식일 동안 극진한 대접을 받았다. 토요일 밤이 되
자 시멜은 싱글벙글 웃으며 페르난도에게 어서 물건을 꺼내보라고 재
촉했다. 그 말에 페르난도가 놀라는 표정을 지으며 말했다.

"제게 무슨 금덩어리가 있다고 이러십니까? 저는 그저 벽돌만 한 금이
얼마인지 물어봤을 뿐입니다."

페르난도는 교활한 사나이였다. 하지만 이런 교활함이 들통 나지 않은 것은 금은방 주인의 탐욕 때문이었다. 부의 축적과는 직접적인 관련이 없어 보이는 일화일 수도 있다. 하지만 페르난도의 머리는 정말 유연했다. 시멜의 탐욕을 교묘하게 이용해 스스로 속임수에 걸려들게 만들었기 때문이다. 다음 일화를 살펴보자.

──────── 시장에서 모든 상품을 처분한다는 소식을 들은 한 유대인 상인이 돈을 벌 좋은 기회라 생각해 앞에서 기다리기로 했다. 하지만 수중에 지닌 돈으로는 부족해 며칠을 기다릴 수 없었다. 당시에는 은행이 없어서 돈을 도둑맞기라도 한다면 여간 큰일이 아니었다. 그렇다고 돈을 벌 좋은 기회를 놓칠 수는 없었다. 고민에 고민을 거듭한 상인은 사람이 없는 곳에 돈을 묻기로 했다. 그런데 돈을 묻었던 곳에 와보니 돈은 이미 감쪽같이 사라진 뒤였다. 아무리 생각해봐도 근처에 사람이라곤 없었다. 돈이 어디로 사라진 것일까?

무심코 머리를 들어 보니 저 멀리 집 한 채가 보였다. 그제야 그 집의 주인이 땅에 돈을 묻고 있는 자신의 모습을 보았고, 그가 돈을 가져갔을 거라는 생각이 들었다. 상인은 고민하다가 집주인을 찾아가 공손하게 말했다.

"당신은 현명하신 분 같습니다. 부탁할 일이 하나 있는데 제 청을 들어주시겠습니까?"

"예, 그러지요."

집주인의 허락에 유대인 상인이 말했다.

"저는 장사 때문에 이곳에 왔습니다. 저에게는 돈주머니 두 개가 있는데 하나에는 금화 800개가 들어 있고 다른 하나에는 500개가 들어 있습니다. 500개가 든 주머니는 사람이 없는 곳에 묻어두었지요. 하지만 다른 주머니는 어떻게 해야 할지 모르겠습니다. 두 주머니를 같이 묻어야 할까요, 아니면 믿을 만한 사람에게 보관을 부탁해야 할까요?"

그 말에 집주인이 대답했다.

"제 생각에는 큰 주머니와 작은 주머니를 함께 묻는 것이 좋을 듯하군요. 당신은 이곳에 온 지 얼마 안 돼 어느 누구도 믿기 힘들 테니까요."

유대인 상인은 집주인의 제안에 따라 금화 800개가 든 주머니를 묻기로 했다. 상인이 떠나자마자 집주인은 자신이 훔친 돈주머니를 원래 있던 곳에 다시 묻었다. 근처에 숨어 이 모습을 지켜보던 상인은 집주인이 가버리자마자 바로 돈주머니를 찾아 도망쳤다.

유대인 상인은 기발한 아이디어와 교묘한 말로 잃어버린 돈을 되찾았다. 만약 그가 집주인에게 가서 돈을 돌려달라고 요구했다면 문제를 쉽게 해결하지 못했을 것이다. 심지어 한 푼도 돌려받지 못했을 수도 있다. 누구나 갖고 있는 탐욕을 이해하고, 이를 활용하여 상대방을 걸려들게 만드는 것도 하나의 지혜다.

유대인 생각공부

부는 금전이나 물질만 의미하지 않는다.
지혜와 패기, 역량이 합쳐진 종합적인 가치다.
독창적인 아이디어 하나에
새로운 세상을 여는 열쇠가 숨겨져 있다.

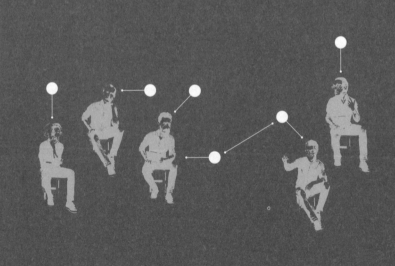

2장

인맥과 생각공부

타인은 가장 훌륭한 조력자다

성공한 사람은
타인을 다루는 원칙이 있다

소설 『홍루몽』에 "남의 힘을 빌리지 않고는 결코 성공할 수 없다"는 말이 나온다. 이런 이치를 누구보다 일찍 깨우친 사람들이 유대인이다. 그들은 자신의 힘과 판단으로 모든 일을 처리하는 것을 굉장히 비현실적이라고 생각한다. 그리고 성공한 사람은 모두 타인의 힘을 이용할 줄 아는 노하우가 있다고 믿는다. 다음 일화에 나오는 폴 역시 자신보다 강한 힘을 가진 이를 이용하여 역량을 키웠다.

─────────── 10년 전 처음 창업했을 때만 해도 폴은 아무도 알아주지 않는 젊은이였다. 당시 세계적인 인기를 구가하던 전기회사가 있었는데, 모든 중소기업은 이 회사에 눈도장을 찍고 싶어 했다. 이 대

기업이 선택한 회사가 바로 아직 걸음마 단계에 있던 폴의 회사다.

당시 폴은 전화 한 통을 받았다. 상대방은 직원 두 명이 폴을 만나고 싶어 한다고 말했다. 할 일이 많았던 폴은 사무적으로 대답했다.

"정말 죄송합니다. 만나 뵙는 것은 가능합니다만 제 스케줄이 꽉 차서 다음 주에나 가능할 듯합니다."

그러자 상대방이 말했다.

"이 두 사람은 우리 회사의 협상 대표들입니다. 두 시간 뒤 로스앤젤레스로 떠날 예정이고요."

협상 대표라는 말에 폴은 상황의 중요성을 깨달았고, 모든 스케줄을 취소한 뒤 그들을 만났다. 폴의 회사를 찾아온 둘은 폴 회사 직원들의 열의와 복장에 크게 놀랐다. 모든 직원이 같은 근무복을 입고 일사불란하게 움직이고 있었기 때문이다. 직원들의 태도도 훌륭했다. 규모는 작지만 폴의 회사는 깊은 인상을 남겼고, 그들은 제휴하기에 충분하다는 결론을 내렸다.

게다가 폴이 이 대기업에 먼저 협력을 제안했다는 사실도 놀라웠다. 상대방은 경영이나 자금 등 어느 면으로 보나 업계 일류였고, 이 기업과 제휴에 성공할 경우 가장 큰 수확은 인지도 상승이었다. 폴은 경쟁사들이 감히 상상할 수도 없는 제안을 했는데, 폴의 회사가 새로 개발한 핵심 제품을 상징적인 가격으로 그 회사에 납품하는 것이었다. 폴의 회사에서 개발한 제품은 대기업의 힘을 등에 업고 높은 시장점유율을 기록하며 대박을 쳤다. 그 후 폴의 사업이 승승장구했음은 물론이다.

폴의 사례는 거인의 어깨를 빌리는 것의 유용함을 잘 보여준다. 성공학의 대가 오리슨 스웨트 마든도 타인의 힘을 빌리라고 하면서 이렇게 충고했다.

"사회에 진출하는 젊은이는 모두 대인관계를 맺어서 서로 부탁하고 도울 수 있어야 한다. 만약 자신의 힘에만 의지하여 독불장군처럼 처신한다면 발전을 기대하기 어렵다."

────────── 세계적인 광고대행사 오길비 앤 매더 사의 회장이자 광고업의 창시자인 데이비드 오길비가 이사회에 참석했다. 그는 회의에 앞서 이사들의 책상 위에 장난감 인형을 하나씩 올려놓고 말했다. "이것은 바로 당신을 나타냅니다. 열어보십시오."
이사들이 호기심에 인형을 열어보니 그 안에 좀 더 작은 인형이 들어 있었다. 그 인형을 여니 또다시 그보다 좀 더 작은 인형이 나왔다. 이런 식으로 계속해서 작은 인형이 들어 있었고, 마지막에 오길비의 메모가 보였다.
'만약 여러분이 당신보다 수준이 낮은 사람만 기용한다면 우리 회사는 난쟁이 회사가 되고 말 겁니다. 반대로 우리보다 수준이 높은 사람을 기용한다면 우리 회사는 거인 회사가 되겠지요.'

아무리 능력이 뛰어난 사람도 자신의 힘만으로는 결코 성공할 수 없다. 더구나 역량이 작은 사람이라면 더더욱 다른 사람의 힘을 이용하여 자신의 사업을 키워야 한다. 기존의 방식을 고수하거나 한 사람의 힘에만 기대서는 안 된다. 혼자 힘으로 성공할 수 있다고 생각한다면 빨리 생각을 바꿔라.

미카엘은 소규모 식품점에서 출발하여 세계적인 다국적 곡물 기업을 소유한 사업가가 되었다. 그의 성공 비결은 첨단 통신과학기술의 힘을 빌리고 하이테크와 경영에 능한 고급 인력을 활용한 데 있었다. 미카엘은 세계 최첨단 통신설비를 확충하는 데 돈을 아끼지 않았고, 실력과 경험을 겸비한 전문 경영인을 기꺼이 영입했다.

그 결과 정보력과 경영에서 항상 경쟁사보다 앞서갔다. 이런 성과를 거두기 위해 엄청난 비용을 지불해야 했지만 충분한 가치가 있는 투자였다. 실제로 계산해보면 미카엘이 우수한 기술력과 정보력, 인재들의 두뇌를 빌려서 얻은 이익은 투자금보다 훨씬 많았다. 말 그대로 남는 장사였다.

유대인은 다른 사람의 힘을 빌릴 때 두 가지에 중점을 둔다. 첫째, 영향력 있는 사람을 찾아 그와 친분을 쌓는다. 목표가 명확해지면 업무나 일상생활에서 유심히 관찰하여 자신이 원하는 기준에 부합한 인물이 있는지 찾아본다. 적임자를 발견한 뒤에는 수단 방법을 가리지 않고 그를 친구로 만든다. 여기서 중요한 것은 다른 사람의 도움을 얻고 싶다면 내가 먼저 베풀어야 한다는 사실이다. 마음에서 우러나오는 진심 어린 도움을 주어야 상대방도 적절한 순간에 나를 도와준다.

둘째, 적절한 순간에 상대에게 도움을 청한다. 남에게 도움을 청하기보다 스스로 알아서 하는 사람들이 많은데, 유대인은 이를 능력이 충분해서라기보다 자신의 체면을 지나치게 중시하기 때문이라고 여긴다. 즉 거절당하거나 비웃음당하는 것이 두려워 남에게 도움을 요청하지 못하는 경우가 많고, 이런 자존심과 허영심 때문에 성공의 기회를 날려버린다고 생각한다.

만약 당신이 도움을 줄 수 있는 사람을 알게 된다면 적절한 시점에 도움을 요청하는 신호를 보내는 방법도 익혀야 한다. 그들과 친분을 쌓는 궁극적인 목적은 인맥을 확대하여 성공의 길로 나아가는 데 도움을 받기 위해서이기 때문이다. 원칙을 깨지 않는 선에서 자존심과 체면을 내려놓고 당신의 인맥에게 도움을 요청하라.

태어날 때부터 유명했거나 영향력이 있는 사람은 없다. 많은 경우 유력 인사들의 힘을 이용해 자신의 목표를 달성했다. 가장 대표적인 사례가 중국 한나라를 세운 고조 유방과 청나라 역사상 유일한 1품 홍정상인인 호설암이다. 이런 인물들도 타인에게 부탁해야 할 경우가 많았다고 하니 일반인은 두말할 것도 없다.

사업에서 가장 중요한 것은 하루아침에 성공하겠다는 망상을 버리고 성실하게 노력하는 것이다. 유대인은 성공에 이르는 방법은 매우 많으며, 적절한 방법을 사용하면 조금 더 빨리 목표를 달성할 수 있다고 믿는다. 타인의 힘을 빌려 활용하는 것도 그 방법 가운데 하나다.

닭을 빌려
달걀을 낳게 하는 지혜

유대인은 '말을 타고 있어야 말을 찾기 쉽다'는 말을 자주 한다. '당나귀를 타고 가면 걸어갈 때보다 말을 더 잘 찾을 수 있다'고 말하기도 한다. 실제로 말을 타고 가면 또 다른 말을 잡기가 훨씬 쉽다. 이것이 유대인의 또 다른 성공 전략인 '닭 빌려 달걀 낳기'이다.

유대인의 가장 보편적인 사업 형태는 자영업이다. 자영업은 장점과 단점이 확실하다. 이 점을 잘 아는 유대인은 약점을 극복하고 시장에서 안정적인 위치를 점유하기 위해 부단히 노력해왔다.

사업하다가 어려운 문제가 생겼을 때는 일단 타인과 협력하여 공동 대응한다. 양쪽이 어느 정도 발전을 이루고 자본과 노하우가 축적되면 원상태로 복귀하여 개인 사업을 계속한다. 무엇보다 유대인은 평소에

'대인관계를 잘 다져놓은 뒤에 장사한다'는 말을 입에 달고 산다. 유대인이 관계 형성과 그 관계를 이용한 타인의 도움을 얼마나 중요시하는지 잘 보여주는 말이다.

────────── 한 번도 가본 적 없는 타지로 장사를 하러 가던 빈 제이크는 기차에서 실수로 한 노인의 발을 밟고 말았다. 자리에 앉고 보니 공교롭게도 노인이 맞은편에 앉아 있었다. 두 사람 사이에 어색한 기류가 돌았다. 난처한 상황에서 벗어나기 위해 빈은 노인과 대화를 나누기 시작했다.

시간이 지날수록 노인의 얼굴에 미소가 번졌고, 빈 역시 마음이 한결 가벼워지는 것을 느꼈다. 분위기는 화기애애해졌고 빈 제이크는 자연스럽게 노인에게 미안한 마음을 전할 수 있었다. 대화를 나누면서 노인이 어느 정도 신분이 높은 사람임을 알아챈 빈은 기차에서 내려 음식을 대접하겠다고 했다. 그리고 함께 식사하는 동안 빈은 노인의 집 전화번호와 주소를 알아내는 데 성공했다.

이날 이후 빈은 작은 선물을 들고 노인의 집을 자주 방문했다. 노인의 따뜻한 배려 덕분에 빈의 사업은 나날이 승승장구했다.

유대인 부자들의 성공 신화를 살펴보면, 비교적 단기간에 부자가 될 수 있었던 원동력이 '닭을 빌려 달걀을 낳게 하는' 데 있었음을 발견할 수 있다. 힐튼 호텔이 오늘의 명성을 얻게 된 배경에도 창업자 콘래드 힐튼의 닭을 빌려서 달걀을 낳게 하는 지혜가 있었다.

─────────── 힐튼은 집을 떠나 독립한 지 17년 만에 5억 7,000만 달러를 가진 거부가 됐다. 그가 사용한 방법은 빌려온 자원을 새로운 자원으로 끊임없이 바꾸는 것이었다.

당시 힐튼은 번화한 프린스 상업지구에 호텔이 하나밖에 없다는 사실을 발견하고, 그곳에 고급 숙박 시설을 지으면 분명 성공할 것이라 판단했다. 택지를 물색하던 힐튼은 얼마 지나지 않아 적합한 곳을 찾아냈다. 힐튼은 토지 소유자인 로드믹을 찾아가 택지 매입 비용으로 30만 달러를 제시했다. 하지만 이 외에도 건축 디자이너와 토지 감정 평가사에게 줘야 할 의뢰비 그리고 건축에 들어가는 비용으로 100만 달러가 더 필요했다. 하지만 힐튼이 가진 돈은 5,000달러에 불과했고, 여기저기 손을 벌려 겨우 10만 달러를 더 마련했다. 하지만 힐튼은 포기하지 않았다. 그는 땅 소유주인 로드믹을 찾아가 매매 계약을 체결하기 전에 이렇게 말했다.

"제가 당신의 땅을 사려는 이유는 대형 숙박 시설을 짓기 위해서입니다. 하지만 돈이 많이 부족합니다. 그래서 당신의 땅을 매입하는 대신 임대하고 싶습니다. 임대 기간을 90년으로 하여 매년 3만 달러의 임대료를 분납하겠습니다. 당신은 토지 소유권을 그대로 유지하십시오. 만약 제가 임대료를 연체하면 토지는 물론 그 위에 지은 제 호텔을 가져가도 좋습니다."

힐튼의 제안에 로드믹은 혼자 중얼거렸다.

"세상에, 살다 보니 호박이 넝쿨째 들어오는군."

이렇게 계약이 성사됐고, 힐튼은 단돈 3만 달러로 30만 달러에 달하는 토지 사용권을 손에 넣었다.

나중에 또다시 로드믹을 찾아간 힐튼은 건축 비용이 많이 들어 토지를 담보로 대출받고 싶다며 동의해줄 것을 요청했다. 로드믹은 어쩔 도리가 없었다. 이런 식으로 힐튼은 토지 사용권을 얻은 데 이어 은행으로부터 30만 달러를 대출 받는 데도 성공했다. 또 토지개발 업체로부터 20만 달러를 지원받아 총 57만 달러를 보유하게 되었다. 하지만 호텔 공사가 절반쯤 진행됐을 때 57만 달러는 이미 소진되었다. 힐튼은 또다시 로드믹을 찾아갔다.

"호텔이 완공되면 당신이 소유권을 가지십시오. 물론 경영권은 저에게 임대해주셔야 합니다. 대신 임대료로 매년 10만 달러 이상을 지급하겠습니다."

로드믹은 자신이 힐튼의 올가미에 빠져들었음을 알아차렸다. 만약 그 제안을 거부한다면 로드믹은 돈을 회수할 수 없을 뿐만 아니라 힐튼에게 빌려준 돈도 받을 수 없을 것이었다. 결국 로드믹은 울며 겨자 먹기로 힐튼의 제안에 동의했다. 게다가 그의 제안대로라면 호텔이 완공되고 나면 토지와 호텔이 모두 자신의 소유가 되고 엄청난 임대 수익도 올릴 수 있으니 로드믹은 호텔이 완공될 때까지 남은 비용을 지원하기로 했다.

그렇게 1925년 8월 4일, 힐튼의 이름을 딴 힐튼 호텔이 완공되었다. 그리고 그때부터 힐튼의 인생은 성공을 향해 나아갔다. 작은 여관에 불과했던 힐튼 호텔은 그 후 전 세계를 대표하는 프랜차이즈 호텔로 성장했고, 창업자 힐튼은 갑부가 됐다.

힐튼은 남의 힘을 빌리는 데 탁월한 수완가였다. 그의 성공 비결은 간단하다. 돈을 벌고 싶어 하는 능력자를 찾아낸 뒤 교묘한 논리로 상대의 마음을 움직여 그와 결합함으로써 한 배를 탄 운명공동체로 만드는 것이다. 다음에 나오는 린이라는 여성도 마찬가지다.

──────────── 사업 수완이 뛰어난 린은 경쟁자들에게 늙은 여우라고 불렸다. 은퇴할 나이가 됐음에도 그는 여전히 일선 현장에서 왕성하게 활동하며 윌슨 사를 인수하려는 계획을 세우고 있었다. 고기빵과 운동 기구, 의약품을 취급하던 윌슨은 연 매출이 LTV 사의 두 배인 10억 달러에 달하는 데다 규모와 역사까지 갖춘 작은 거인이었다. 린에게는 진작부터 윌슨을 집어삼킬 복안이 있었다.

시가총액만 놓고 보면 윌슨은 월스트리트에서 기업 순위가 낮았다. 다시 말해 이 회사의 영업 이익은 동종 기업보다 훨씬 적었다. 당연히 윌슨의 주가도 높지 않았다. 이유는 회사의 인지도가 낮아 투자자들의 주목을 받지 못했기 때문이다.

낮은 주가 덕에 린은 8,000만 달러만 투자하면 윌슨의 경영권을 획득할 수 있었다. 린은 LTV의 주식을 빌리는, 즉 타인의 돈을 빌려 자신의 부를 늘리는 방식을 택했다. 린이 돈을 빌려 윌슨의 주식 대부분을 매입하자 윌슨의 경영권은 LTV로 넘어갔다. 그러자 새로운 문제가 생겼다. 8,000만 달러에 달하는 채무의 처리였다.

자타공인 여우였던 린은 먼저 채무의 대부분을 윌슨으로 옮겨놓았다. 이어서 윌슨의 세 자회사에서 주식을 발행하도록 했다. 신규 발행된 주식의 대부분은 LTV로 귀속됐고, 나머지는 일반 투자자에게 매각됐다. 주식 매각으로 벌어들인 수익은 채무 대부분을 상환하기에 충분한 액수였다.

린이 윌슨의 실질적인 소유주라는 소문이 퍼지자 그의 기업에 속한 자회사의 주가는 계속해서 올랐다. 아울러 윌슨 지분의 75%를 갖고 있던 LTV 역시 윌슨의 주가가 오르면서 덩달아 올랐다. 이렇게 해서 자회사 세 곳의 시가총액을 합치니 기존 윌슨 모 회사의 두 배에 달했다.

린은 남의 돈을 이용하여 대기업을 하나둘 사들이는 교묘한 수법으로 성공했다. 닭을 빌려 달걀을 낳게 하는 데 익숙했기에 가능한 일이었으며, 이는 수많은 유대인 사업가들이 즐겨 사용하는 방법의 하나다.

헨리 키신저와
다니엘 로빅의 공통점

유대인의 사업 방식을 보다 보면 한 가지 특징을 발견할 수 있다. 돈 되는 아이템을 발견했는데 혼자 힘으로 불가능할 경우 사돈에 팔촌까지 아는 사람을 죄다 불러모아 인재 집단을 형성하고, 그들만의 경제 세력권으로 만들어버린다는 특징이다. 특히 유대인은 지금 자신이 만나고 있는 사람의 능력과 재력, 사회적 위신을 빠르고 정확하게 판단하는 능력이 탁월하다. 이렇게 상대방의 기본 정보를 파악하고 난 뒤 그와 협력할지 말지를 판단한다.

──────── 로렌스는 작은 가게의 판매원으로 시작해 안 해본 일이 없을 만큼 다양한 일을 경험했다. 나중에는 한 조명회사에 들어

가 판매원으로 3년간 일했는데, 실적도 좋고 의지가 강해서 부사장 자리까지 올랐다. 2년 넘게 부사장으로서 경험을 쌓은 그는 능력을 더 발휘하기 위해 사업을 하기로 결심했다.

하지만 창업은 쉽지 않았다. 가장 큰 문제는 자금이었다. 고심 끝에 로렌스는 가맹점 형태로 한 대형마트 기업의 조명회사를 운영하기로 했다. 로렌스가 새 주인이 되었을 무렵 이 회사는 거의 파산 직전이었다. 그는 죽어가는 회사를 어떻게든 살려야겠다고 결심했다. 조명회사에서 일한 경험과 확보해둔 고객들이 있으니 자신 있었다. 로렌스는 사업 기획과 상품 입하, 제품 판매 등 모든 일을 직접 챙기며 사업에 온 힘을 다했다. 일이 너무 바빠 식사와 잠을 거르는 경우가 허다했다.

피나는 노력에 힘입어 그의 회사는 일 년 만에 흑자로 돌아섰다. 로렌스는 가맹점 방식이 여러모로 자신에게 매우 적합하다고 생각했다. 가게 자리를 알아보러 돌아다닐 필요도 없고, 설비나 제품 등을 구매하는 데 필요한 비용만 부담하면 되니 직접 점포를 여는 것보다 비용이 훨씬 적게 들었다.

주변 상황을 잘 활용하고 타인의 힘을 적절히 이용하는 지혜가 얼마나 효과적인지를 보여주는 사례다. 로렌스뿐 아니라 누구나 이런 방식을 활용할 수 있다. 널뛰기를 해서 자기보다 무거운 상대방을 공중으로 들어올리고, 구명조끼 덕에 물에 가라앉지 않는 것처럼 말이다. 유대인은 이런 면에서 타의 추종을 불허한다. 정치계와 재계는 물론 과학기술 분야에서도 이를 활용해 탁월한 성과를 내고 있다. 강철왕

앤드루 카네기의 묘비에는 이렇게 쓰여 있다.

"자신보다 더 현명한 사람을 모을 줄 알았던 이, 이곳에 잠들다."

묘비명대로 그는 자신보다 훨씬 우수한 인재를 발굴하고 능력을 발휘하게 함으로써 기업의 매출을 수천, 수만 배 상승시켰다. 이것이 그가 평범한 철도 노동자에서 강철왕의 자리에 오를 수 있었던 원동력이다. 미국 국무장관을 지낸 헨리 키신저 역시 타인의 힘과 지혜를 빌리는 데 천부적인 재능이 있었다.

──────────── 키신저에게는 독특한 업무 스타일이 있었다. 부하 직원이 새로운 업무 기안을 올리면 곧바로 검토하는 대신 며칠 보류해 두는 것이었다. 그런 다음 기안자를 불러 질문했다.

"자네, 이 기안이 최선인가?"

그러면 직원은 대개 키신저가 기안에 불만이 있다고 지레짐작하고는 이렇게 대답했다.

"아닙니다. 아직 부족한 부분이 있어서 좀 더 수정하겠습니다."

그러면 키신저는 직원에게 기안을 도로 가져가 수정, 보완하도록 지시했다. 이 과정을 반복하면 직원은 계속해서 기안을 수정할 수밖에 없고, 결과적으로 더 깊이 연구한 최상의 기안을 작성하게 된다. 키신저가 활용한 이 방식은 업무 효율을 높여줄 뿐만 아니라 부하 스스로 자신의 문제점을 파악하도록 유도하여 근무 능력을 한 단계 높이는 효과가 있다.

이는 키신저의 노하우인 동시에 유대인의 성공 비결이기도 하다. 또 다른 유대인 다니엘 로빅의 일화를 보자. 그 역시 타인의 힘(돈)을 이용해 큰돈을 번 뒤 자신의 사업을 시작했다.

———————— 로빅은 먼저 낡은 선박 사업부터 손을 댔다. 아버지가 돈을 빌려 사주신 낡은 배 한 척을 수리해 다른 사람에게 빌려주고 50달러를 받았다. 돈을 번 로빅은 매우 기뻤다. 아버지가 돈을 빌려서까지 배를 사준 것은 그로서는 큰 행운이었다. 이 경험을 통해 그는 자금이 부족한 사람에게 대출이 얼마나 중요한지 실감했다.

30세가 된 로빅은 본격적으로 선박 사업에 뛰어들었다. 대출을 받아 저렴한 화물선을 구매한 뒤 유조선으로 리모델링하여 빌려주는 방식이었다. 하지만 사업을 시작하자마자 예상치 못한 벽에 부딪히고 말았다. 확실한 담보가 없는 이상 은행에서 원하는 액수를 대출 받기가 어려웠던 것이다. 하지만 로빅은 좌절하지 않았다.

그는 석유 회사를 통해 낡아빠진 유조선 한 척을 싸게 임대한 뒤 은행 책임자를 다시 찾아갔고, 대출을 받는 데 성공했다. 로빅은 어떻게 대출을 받아냈을까? 바로 석유 회사를 담보로 활용했다. 뿐만 아니라 석유 회사가 자신에게 지급하는 임대료와 은행에 갚아야 할 대출 원리금이 정확히 일치하도록 설계하는 치밀함까지 보였다.

그 후로는 모든 일이 순조롭게 진행됐다. 로빅은 은행에서 대출받은 돈으로 사고 싶었던 화물선을 구매했고, 이를 원거리 항해가 가능한 유조선으로 개조했다. 하지만 그는 이 유조선을 직접 사용하는 대신 같은 방식으로 다른 사람에게 임대했다. 이 임대료를 담보로 또다시 은행에서 대출을 받았고, 이 돈으로 다시 다른 화물선을 구매했다.

이런 방식의 반복을 통해 로빅은 대출금을 모두 갚았고, 임대해준 유조선도 전부 그의 소유가 됐다. 그 후에 얻은 유조선 임대료 수입이 고스란히 로빅의 자산이 된 건 두말할 필요도 없다.

이것이야말로 주변 상황과 남의 힘을 빌리는 최고의 노하우 아닐까? 다니엘 로빅과 헨리 키신저는 모두 남의 힘을 빌려 이를 자신의 힘으로 활용하는 능력의 진수를 보여주었다. 그들은 뛰어난 머리와 지혜를 충분히 활용하여 큰 성과를 거뒀고, 결국 목표를 달성했다.

록펠러의
선택

오랫동안 세계 최고의 갑부로서 명성을 유지할 수 있었던 비결을 질문 받을 때마다 빌 게이츠는 이렇게 대답한다.

"저보다 더 똑똑한 사람을 모셔왔기 때문입니다."

자신보다 유능한 사람을 뽑아서 도움을 받는 것 또한 유대인의 일 처리 방식의 하나다. 그들은 성공이 자신의 능력이 얼마나 뛰어난지를 보여주는 것이 아니라 다른 사람의 능력을 끌어다 쓰는 능력이 얼마나 뛰어난지를 보여주는 것이라 믿는다.

주변 또는 자신을 한번 돌아보라. 사업자금이 없어서, 모아놓은 돈이 없어서 새로운 일을 하고 싶어도 하지 못한다고 불평하고 있지는 않은가? 유대인 사회에서는 결코 이런 불만을 찾아볼 수 없다. 그들은 똑똑한 머리만 있다면 충분하다고 믿는다. 그리고 그걸 활용하여 타인의 능력을 빌려오고 부를 축적하는 데 탁월하다. 라파엘의 사례가 생생한 증거다.

──────────── 라파엘은 좀 더 나은 삶을 꿈꾸며 아내와 세 명의 자녀를 데리고 캐나다 오타와로 이민을 왔다. 오타와에 도착했을 때 그들이 갖고 있던 돈은 4만 캐나다달러뿐이었다. 수중에 가진 돈은 얼마 없지만 라파엘은 그 돈으로 꼭 사업에 성공하겠다고 다짐했다.

상황은 좋지 않았다. 창업은 고사하고 낯선 곳에서 다섯 가족이 먹고 살 수 있는 일자리를 구하는 것조차 하늘의 별 따기였다. 하지만 그는 위축되지 않았다.

원하는 일자리가 나타나지 않자 라파엘은 재충전의 시간을 갖기로 하고 한 대학의 야간학교에서 직업 훈련을 받기 시작했다. 낮에는 일자리를 찾아다니고, 밤에는 학교에서 공부했다.

라파엘은 혈기왕성한 청년이 아니라 불혹의 나이를 넘긴 중년이었다. 라파엘은 야간학교에 다니며 부동산 지식을 습득했고, 해당 과정을 수료한 뒤 오타와 시내의 한 부동산 중개업소에서 일자리를 구했다.

직장은 구했지만 형편은 그대로였다. 급여는 다섯 식구가 겨우 먹고 살 정도였다. 하지만 그는 열심히 일하다 보면 새로운 기회가 생길 것이라고 믿었다.

마침내 라파엘의 믿음이 현실로 바뀌는 순간이 찾아왔다. 어느 날 라파엘은 오랜 친구를 만났다. 친구는 캐나다에서 자신의 부동산 거래를 도와줄 사람을 찾고 있었다. 과거에 알고 지내면서 라파엘을 크게 신뢰했던 친구는 그에게 도움을 요청했다. 절호의 기회가 왔음을 직감한 라파엘은 친구와 상의 끝에 절반씩 자금을 투자하여 공동으로 부동산 거래소를 경영하기로 했다. 하지만 그는 친구에게 자금부터 빌려야 했다. 상대방이 자금을 투자하는 대신 자신은 경영전략을 제공하기로 했다. 둘의 비율은 1대 1이었다. 부동산 중개 업무 경험을 바탕으로 라파엘은 공동 사업을 잘 이끌어갔다.

몇 년 뒤, 라파엘은 독립하여 직접 부동산 회사를 차렸다. 야간학교에서 배운 지식과 중개 실무 경험을 토대로 뛰어난 노하우를 발휘했다. 그는 탁월한 수완으로 계속해서 땅을 계속 사들였고, 파트너들과 협력하여 회사를 늘려갔다. 이런 식으로 그는 불과 10년 만에 5억 캐나다달러를 벌 수 있었다.

'성공은 당신이 얼마나 알고 있는가가 아니라 누구를 알고 있느냐에 달려 있다'는 말이 있다. 이 말처럼 인맥은 성공의 많은 부분을 좌우한다. 어느 누구도 자신의 힘만으로 성공할 수는 없다.

능력을 발휘하고 싶다면 먼저 타인의 능력을 빌리는 힘부터 키워야한다. 유대인은 특히 정계 인물을 굉장히 중요시한다. 그리고 자신의 사업에 도움이 된다면 수단과 방법을 가리지 않고 그들의 영향력을 이용한다. 실제로 많은 유대인이 이렇게 생각한다. 석유재벌 존 록펠러도 그랬다.

―――――――― 1890년, 오하이오 주의 검찰총장 왓슨은 록펠러가 운영하는 스탠더드오일 사를 셔먼 독점 금지법 위반 혐의로 기소했다. 이로써 검찰과 스탠더드오일의 양보 없는 한판이 시작됐다. 상대는 미국 최고의 변호인을 선임했고, 왓슨은 비장한 각오로 재판을 준비했다. 일전을 불사하겠다는 왓슨을 보면서도 록펠러는 느긋했다. 죽마고우인 마크 해나가 소송을 도와주겠다고 나섰기 때문이다.

마크 해나는 미국 의학계의 권위자이자 대통령마저 예의를 갖추는 명망 있는 상원의원이었다. 그런 그가 록펠러를 지원하겠다고 한 것이다. 당시 대통령은 그와 같은 공화당 출신의 해리슨이었다. 마크 해나는 왓슨에게 이렇게 편지를 보냈다.

"저는 당의 입장에서 당신께 서한을 보냅니다. 당신이 기소한 피고는 사회 여론의 질타를 받는 거대자본이 아니라 미국 국민을 위해 좋은 일을 하는 스탠더드오일입니다. 록펠러는 공화당 당원이며, 이 회사의 핵심 인물이기도 합니다. 그는 회사를 경영하며 자유경쟁을 촉진해왔습니다. 당신의 기소에 문제가 있다고 생각하지 않습니까?"

마크 해나의 도움으로 스탠더드오일에 대한 기소는 경제 문제에서 정치 문제로 바뀌었고, 왓슨은 결국 기소를 포기했다.

주변 상황과 타인의 능력을 자신의 사업 경영에 이용하는 것은 비즈니스에서 매우 중요한 노하우다. 타인의 힘을 많이 빌려야만 비로소 내 역량도 발휘할 수 있고, 이는 부자가 되는 지름길이다.

유대인 생각공부

성공은 자신의 능력이
얼마나 뛰어난지를 보여주는 것이 아니다.
다른 사람의 능력을 끌어다 쓰는 능력이
얼마나 뛰어난지를 보여주는 것이다.

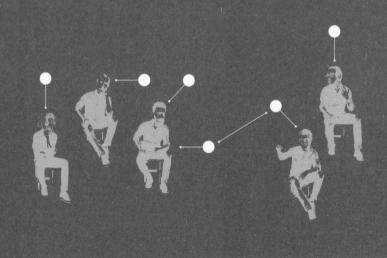

3장

혁신과 생각공부

디테일이 세상을 바꾼다

차별화를
만드는 힘

예술은 인간의 상상에서 나오고, 가장 훌륭한 인생도 상상에서 비롯된다. 사업도 마찬가지다. 상상력이 풍부해야 성공할 수 있다.

쓸데없는 공상이나 헛된 꿈은 상상이 아니다. 오랫동안 사색하고 이를 바탕으로 새로운 것을 발견할 줄 알아야 기회가 온다. 유대인이 오랜 비즈니스를 통해 터득한 지혜다. 유대인은 잘 생각하면 문제 해결의 돌파구가 생기고, 이를 통해 문제를 해결할 수 있다고 믿는다.

──────── 1950~1960년대 일본 가와사키 시에 오카다야라는 백화점이 있었다. 당시에는 경기가 좋지 않았던지라 대부분의 백화

점이 현상 유지에 급급했다. 하지만 오카다야만은 이윤이 계속 증가하고 업무도 지속적으로 확대되면서 매년 매출 신기록을 이어갔다.

오카다야의 승승장구는 사람들에게 늘 화젯거리였다. 사람들은 오카다야가 경쟁 업체들을 제치는 비결을 궁금해했다.

오카다야 백화점의 회장은 끊임없이 차별화된 경영 전략과 마케팅 전략을 연구하는 인물이었다. 예를 들면 소매업을 하다 보면 잔돈이 부족해 고객에게 거스름돈을 제때 주지 못하는 경우가 발생한다. 회장은 이 문제를 고민하여 잔돈 부족 문제를 해결했고, 새로운 고객까지 확보하는 데 성공했다.

회장의 아이디어는 다음과 같았다. 먼저 매장 계산대에 제비뽑기 상자를 마련해 1엔만 내면 누구나 제비뽑기에 참여할 수 있는 기회를 주었다. 고객들은 쇼핑을 마친 뒤 계산대에서 잔돈을 거슬러 받는 대신 제비뽑기에 참여했고, 이 방법으로 잔돈 부족 문제를 해결할 수 있었다.

회장은 고객의 심리를 꿰뚫을 줄 아는 인물이었다. 그의 이런 혜안 덕분에 백화점 매출은 나날이 증가했고, 경쟁업체들은 부러워할 수밖에 없었다.

아이디어가 떠올랐다면 가볍게 여기거나 무시하지 마라. 평소에 작은 수첩을 가지고 다니며 아무리 작은 아이디어라도 기록해두는 습관을 들이면 어느 날 그것이 엄청난 명성과 부가 되어 돌아올 수 있다. 기발한 아이디어를 이용해 큰돈을 번 코카콜라의 이야기를 보자.

─────────── 청량음료의 대명사 코카콜라. 코카콜라가 거대한 음료 제국을 건설할 수 있었던 데는 아서 캔들러의 위대한 선택이 있었다. 하지만 이 사실을 아는 사람은 많지 않다.

젊은 시절의 아서 캔들러는 아무도 알아주지 않는 평범한 판매원으로, 쥐꼬리만 한 봉급을 받으며 살고 있었다. 하지만 우연한 기회가 그의 운명을 바꿨고, 전 세계의 운명을 바꿔놓았다.

어느 날 아서 캔들러는 전 재산 2,300달러를 털어 두 개의 물건을 샀다. 시골의 한 노의사가 가져온 커다란 구식 찻주전자와 나무로 만든 젓개였다. 물건을 산 아서 캔들러는 그 자리에서 노의사에게 주전자에 든 신비로운 액체의 제조법을 배웠다. 구식 찻주전자와 나무로 만든 젓개, 종이에 적힌 신비한 제조법, 그리고 여기에 한 가지 특수 성분이 더해져 오늘날 전 세계인이 즐기는 코카콜라가 탄생했다. 아서 캔들러는 막대한 부를 쌓았고, 자신이 살던 작은 도시를 하루아침에 번화한 대도시로 바꿔놓았다.

아서 캔들러는 위대한 선택을 했다. 모험과 상상력이라고 표현할 수 있을 것이다. 그리고 그 선택 덕분에 코카콜라 제국을 탄생시킬 수 있었다. 이 점이 바로 유대인과 보통 사람의 차이다. 그들은 상상력을 인간이 가진 지혜의 일부로 인식하며, 상상력이 우리의 사고방식을 좀 더 자유롭고 유연하게 만들어준다고 여긴다. 실제로 비즈니스뿐 아니라 사회 전체의 수많은 물건이나 발명품 등은 모두 기발한 상상력과 번득이는 아이디어에서 나왔다.

인류의 발전은 상상력 없이는 불가능하다. 상상력이 있었기 때문에 세상의 모든 문명의 이기는 더 빠르고 편리하게 발전할 수 있었다. 상상은 비용이 들지 않는다. 언제 어디서나 휴대할 수 있는, 신이 인류에게 준 최고의 축복이다. 그것은 때로 눈에 보이지 않기도 하고, 때로는 번득이며 밝게 빛날 때도 있다. 그것이 빛날 때 놓치지 않아야 한다. 꿈을 현실로 바꿔주는 신비한 비법일 수 있기 때문이다.

막히면
거꾸로 생각하라

자물쇠를 열려면 무엇을 사용할까? 열쇠다. 하지만 유대인은 항상 열쇠를 사용하는 것은 아니라고 말한다. 그러면서 이렇게 덧붙인다.

"문제는 정해진 방법으로만 해결하는 것이 아니에요."

어떤 문제 앞에서도 유대인은 위축되는 법이 없다. 처음부터 냉정하고 진지하게 해결책을 궁리한다. 문제 해결에 직접적인 도움이 되지 않더라도 새로운 아이디어가 떠오르면 기쁘게 받아들이는 것도 유대인의 특징이다. 긍정적이고 희망적인 메시지라 여기기 때문이다.

하지만 긍정적인 생각만으로는 부족하다. 여기에 유연한 생각이 더해져야 한다. 그들은 안전한 길에 머물기를 거부하고 끊임없이 혁신을 추구한다. 첫 번째 방법이 통하지 않으면 즉시 새로운 방법을 연구하고, 두 번째 방법이 통하지 않으면 세 번째 방법으로 전환한다. 정공법이 통하지 않으면 역발상으로 변칙적인 방법을 모색하기도 한다. 이런 식으로 문제 해결을 위한 가장 바람직하고 합리적인 방법을 도출한다.

──────────── 아브라함은 두 아들 가운데 한 명에게 유산을 상속할 계획이었다. 하지만 누구를 골라야 할지 고민이었다. 화원에서 차를 마시던 아브라함은 아이들 몇 명이 즐겁게 노는 모습을 보았다. 그때 갑자기 쥐 한 마리가 나타나더니 아이들 곁을 스쳐 땅속 배관으로 사라지는 게 아닌가? 순간 재미있는 이야기가 떠올랐다.

공사 현장에서 몇몇 근로자가 대형 신축 건물에 엘리베이터를 설치하는 공사를 하고 있었다. 그런데 한 가지 문제가 생겼다. 전선 한 가닥을 길이 10m에 지름이 3cm에 불과한 파이프라인에 관통시켜야 하는 문제였다. 하지만 파이프라인이 벽 안에 있는 데다 몇 군데 굴곡도 있어서 근로자들은 속수무책일 수밖에 없었다.

엘리베이터 시공을 맡은 젊은 유대인은 근로자들에게 쥐 한 쌍을 잡아오라고 지시했다. 그러고는 전선을 숫쥐의 몸에 묶고 파이프라인 반대편에서 암쥐를 눌러 찍찍 소리를 내게 했다. 파이프 한쪽 끝에 있던 숫쥐는 암쥐의 소리를 듣자마자 전속력으로 달려 순식간에 반대편에 도달했다. 이로써 숫쥐의 몸통에 묶여 있던 전선은 간단하게 파이프라인을 관통했다.

아브라함은 이 이야기에서 아이디어를 얻었다. 집으로 돌아간 그는 대문을 잠그고는 두 아들에게 100킬로미터쯤 떨어진 도시로 가라고 했다. 그러면서 두 아들에게 문제를 내고는 정답을 맞힌 아들에게 재산을 물려주겠다고 했다. 문제는 두 사람이 각각 열쇠 하나와 발 빠른 말 한 필씩을 받은 뒤 누가 먼저 집으로 돌아와 문을 여는가를 겨루는 것이었다.

유산에 욕심이 있던 형제는 젖 먹던 힘까지 짜내어 가장 빠른 속도로 집에 돌아왔다. 하지만 문이 굳게 잠겨 있어서 들어갈 수가 없었다. 형은 열쇠를 이리저리 돌려봤지만 허사였다. 동생은 집으로 오는 길에 그만 열쇠를 잃어버렸다. 쩔쩔매는 형의 모습을 본 동생은 즉시 말에서 내려 담벼락으로 가 벽돌 하나를 주워 자물쇠의 머리를 힘껏 내리쳤다. 몇 차례 시도 만에 자물쇠가 깨져버렸다. 동생은 손쉽게 문을 열고 집 안으로 들어갔다. 당연히 둘째 아들이 유산을 차지했다.

이 일화는 문은 열쇠로만 여는 것이 아니라는 격언이 얼마나 지혜롭고 합리적인지를 잘 보여준다. 아버지 아브라함은 거꾸로 생각할 줄 아는 사람이다.

인생을 살다 보면 기존 방식을 답습해서는 결코 해결할 수 없는 문제가 많이 발생한다. 이럴 때는 상식을 넘어 다른 각도에서 문제를 고민해야 해결의 실마리를 찾을 수 있다. 역발상을 해야 새로운 탐험과 시도를 할 수 있고, 경험칙이나 학습 효과에서 벗어날 수 있다. 끊임없이 바꿔서 생각하고, 생각의 범위를 넓혀 기존의 틀에서 탈출하라. 그래야 성공할 수 있다.

잔꾀를
큰 지혜로 바꿔라

'남들은 돈을 쉽게 벌어 부자가 되는데 나는 왜 이 모양일까? 역시 기회는 스스로 만드는 게 아니라 주어지는 걸까?'라는 생각을 해본 적이 있을 것이다. 그렇게 생각하지 마라. 설마 신께서 일부 사람에게만 특별한 기회를 주었겠는가. 기회는 그냥 오지도 않고, 아무런 이유 없이 하늘에서 뚝 떨어지지도 않는다.

노벨상을 두 번이나 받은 퀴리 부인은 "강자는 기회를 만들고 약자는 기회를 기다린다"고 말했다. 창의성이야말로 운명을 바꾸는 열쇠다. 창의성을 잘 발휘해야 하늘이 내려준 기회를 포착할 수 있고, 이를 성공의 발판으로 바꿀 수 있다. 그런 면에서 유대인만큼 이런 진리를 잘 실천하는 민족도 드물다.

많은 유대인이 성공을 거두고 부자가 되는 이유는 작은 일에도 창의성을 발휘하고 잔꾀를 부릴 줄 알기 때문이다. 그리고 여기에서 놀라운 일이 벌어진다. 처음에는 잔꾀에 불과했지만 나중에는 유용한 방식이나 새로운 아이디어를 끌어내고 기존의 진행 속도를 무너뜨려 예상보다 더 빠르고 쉽게 목표를 실현시켜 준다. 그리고 이 시점이 되면 잔꾀가 큰 지혜로 발전해 있다.

보기에 따라서는 잔꾀에서 나온 창의성이 교묘하게 이익을 취하거나 일반적인 법칙을 무시한 일 처리 방식으로 여겨질 수도 있다. 하지만 중요한 것은 융통성이다. 규칙은 죽은 것이지만 사람은 살아 있는 존재다. 유연하게 활용한다면 잔꾀는 결정적인 순간에 우리에게 어마어마한 부를 안겨줄 수 있다. 실제로 유대인의 행동 방식은 언제나 그런 양상을 보인다. 그들은 평소에 일상의 작은 부분까지 꼼꼼히 관찰한다. 그리고 여기서 자신의 창의성을 활용해 큰 지혜로 만들어 막대한 부를 일구어낸다.

──────── 케일리는 자신이 출판한 책이 독자들에게 외면당해 엄청난 재고가 쌓이는 바람에 골머리를 앓고 있었다. 판매를 고민하던 케일리는 우연한 기회에 대통령에게 책 한 권을 증정할 수 있는 행운을 얻었고, 그 책을 읽고 난 소감도 물어볼 수 있게 되었다. 그러나 한 국가의 최고지도자인 대통령이 일개 출판업자의 책을 한가롭게 읽을 시간이 있겠는가. 대통령은 별다른 생각 없이 "좋군요"라고 한마디 했다. 이 말을 들은 케일리는 대통령의 이 "좋군요"를 이용해

대대적인 광고와 홍보를 했다. 그가 만든 광고 카피는 바로 '대통령도 애독한 책, 절찬리 판매 중'이었다. 이 광고 하나로 골칫거리였던 책은 삽시간에 완판되었다.

재미를 본 케일리는 다시 같은 방법을 활용했다. 새로운 책을 출간한 그는 또다시 대통령을 찾아갔다. 하지만 케일리의 수법을 알고 있는 대통령은 이번에는 "이 책은 전혀 재미가 없군요"라고 말했다.

모두의 예상을 깨고 이 코멘트는 이번에도 역시 광고 카피로 등장했다. 케일리가 만든 광고 카피는 '대통령이 싫어하는 책, 절찬리 판매 중'이었다. 역시 대박을 쳤다.

세 번째로 케일리가 대통령을 방문했다. 이미 두 번이나 당한 대통령은 아무 말도 하지 않기로 마음먹었고, 실제로 책을 테이블에 올려놓은 채 침묵을 지켰다. 명석한 케일리가 이번에 내건 광고 카피는 '대통령도 결론 내리기 어려운 책, 구매하려면 서두르세요'였다. 결과는 역시나 완판이었다.

케일리가 잔꾀에 능하다는 점을 인정할 수밖에 없을 것이다. 그는 자신의 잔꾀를 충분히 활용했다. 세 번에 걸친 광고 카피를 보면 그가 얼마나 지혜로운지 알 수 있다. 만약 그가 혁신을 거부한 채 과거의 판매 방식을 고수했다면 그의 책들은 영원히 팔리지 않았을 것이다.

잔꾀를 무시해서는 안 된다. 큰 지혜는 큰 지혜로서 장점이 있고, 잔꾀는 잔꾀로서 쓸모가 있다. 잔꾀는 특별한 수단이 아니라 특별한 상황에서 사용되는 작은 지혜다. 유대인 중에는 이렇게 작은 지혜로 막대한 부를 축적한 사람이 많다. 다음에 나오는 사로치라는 상인도 잔꾀를 이용해 부자가 되었다.

─────────── 사로치는 세정제를 생산하는 회사를 운영하고 있었다. 처음에는 자동차 부품에 낀 기름 찌꺼기 제거제를 생산하여 카센터에 공급했다. 그러나 그가 생산한 제품은 우수한 품질에도 불구하고 판매량이 그다지 많지 않았다. 골머리를 앓던 사로치는 시장에서 자신의 제품을 홍보하고 판매량을 높이기 위한 새로운 방법을 고민했다. 그가 선택한 방법은 오늘날 유통업계에서 널리 사용되는 원 플러스 원 방식이었다. 즉 하나를 사면 또 하나를 주는 것으로, 그는 세정제 한 병을 사면 세정기 한 대를 덤으로 주었다. 그러자 세정기의 다양한 기능에 대한 고객의 호평이 이어졌고, 당시 주 전체의 카센터 600여 곳에서 사로치가 만든 세정기를 사용하기 시작했다. 다시 말해 사로치가 판매한 세정제는 600개이고, 덤으로 준 세정기도 600대라는 의미다. 시간이 지나면서 사로치가 생산한 세정제는 카센터 업계에서 인기를 끌기 시작했고, 모두 그가 생산한 세정제를 사용하는 데 익숙해졌다. 3년이 지날 무렵 사로치의 세정제 판매 규모는 처음에 공짜로 준 600대의 세정기 판매액을 훨씬 뛰어넘었다.

사로치는 여기서 멈추지 않았다. 그는 구형 세정기를 회수하여 수리한 뒤 이를 다시 시장에 판매하는 방식을 통해 큰돈을 벌었다. 사로치는 이런 방식으로 잔꾀를 하나하나 성공시켜 10년도 되지 않아 수억 달러에 달하는 돈을 벌었다.

유대인은 잔꾀와 큰 지혜를 엄밀하게 구분하지 않는다. 그들은 돈만 벌 수 있다면 어떤 방법을 활용하든 크게 중요하지 않으며, 반드시 특정 방법을 사용해야 하는 것은 아니라고 생각한다. 큰돈을 벌기 위해서는 큰 지혜를 사용해야 한다고 생각한다면 생각을 바꿔라. 그보다는 어떤 경우에 잔꾀를 활용하는 것이 더 효과적인지를 고민하는 것이 훨씬 유익하다.

멀리 볼수록
멀리 간다

       부자학에는 기본적인 규칙과 법칙이 있다. 이런 법칙을 이해하고 실천하면 노하우가 생기고 부자의 꿈에 점점 가까워진다. 근시안을 버리고 장기적인 안목과 시대를 앞서가는 혜안을 갖추는 것도 그중 하나로, 이는 유대인의 부자 철학이기도 하다.

    대부분의 사람들은 돈을 벌기 위해서 또는 여유로운 삶을 살기 위해서 눈앞의 이익에 집착한다. 이런 사람들은 처음에는 많은 돈을 벌수 있을지 모르지만 원하는 만큼 큰돈을 벌기는 어렵다. 반면 일을 하려면 먼저 사람이 되어야 한다는 원칙에 따라 장기적인 안목을 가지고 나아가는 사람은 처음에는 큰돈을 벌 수 없을지 모르지만 결국에는 많은 돈을 번다.

—————————— 커틀러는 입지전적인 기업인이다. 1870년대에 홍콩으로 건너간 스무 살의 커틀러는 여러 가지 일을 했지만 원하는 바를 이루지 못하자 이듬해 상하이로 건너갔다. 처음에는 먹고사는 문제만 해결할 수 있으면 바랄 게 없겠다고 생각했지만 시간이 흐를수록 하찮은 목표를 버리고 좀 더 큰돈을 벌어 성공해야겠다는 큰 목표를 품게 됐다.

커틀러는 자신의 재능과 두뇌를 충분히 활용했다. 사장이 월급을 올려주든 말든 신경 쓰지 않고, 자신의 도움으로 다른 동료들이 더 많은 매출을 올려도 개의치 않았다.

이렇게 커틀러는 근면 성실하게 일했고, 회사에서도 그의 비중이 점점 커져갔다. 마침내 사장이 커틀러를 눈여겨보기 시작했고, 5년이 지나자 커틀러는 회사의 관리직에 올랐다.

그 무렵 커틀러는 현실적인 고민을 시작했다. 급여나 직급 모두 남부럽지 않지만 계속 일한다 한들 승진 가능성은 높지 않았다. 아무리 열심히 일해도 사장 자리에 올라갈 가능성은 거의 없었다. 심사숙고 끝에 그는 회사를 그만두기로 했다.

당시에는 이제 막 시작한 부동산업에 주목하는 사람이 별로 없었다. 하지만 커틀러는 향후 부동산업이 크게 성장하리라 예측했고, 여기서 자신의 능력을 펼치기로 마음먹었다. 그리고 수년간 열심히 일한 끝에 커틀러는 상하이 부동산 업계의 일인자로 자리매김하게 됐다.

능력과 영향력을 겸비한 커틀러는 시장 침체기에도 거의 영향을 받지 않았고, 반대로 활황기에는 엄청난 부를 거뒀다.

커틀러가 평범한 사람이었다면 자신이 직급과 급여에 만족했을 것이다. 하지만 유대인이었던 커틀러는 작은 성공에 절대 만족하지 않았다. 그는 보통 사람과 달리 시대를 앞서가는 통찰력으로 성공의 월계관을 썼다. 같은 방식으로 성공한 한 명의 유대계 미국인이 있다. 세계적인 호텔 체인점 홀리데이 인 호텔의 창업주인 케먼스 윌슨이다.

──────────── 창업 당시 윌슨의 재산은 100달러도 안 되는, 그것도 할부로 구매한 재봉틀이 전부였다. 장사로 약간의 돈이 모이자 그는 이 돈으로 장사를 좀 더 키워야겠다고 생각했다. 곧 시장조사에 나섰고, 시장을 분석하고 전망한 그는 부동산 사업에 뛰어들기로 했다. 당시 미국의 부동산 산업은 침체해 있었다. 땅을 사서 주택을 지으려는 사람이 별로 없었다. 그래서 윌슨이 부동산에 손대려 하자 주위 사람들 모두가 말렸다. 윌슨은 그들의 시야가 좁다고 생각했다. 하지만 윌슨은 비록 지금은 침체기지만 분명 호황기에 접어들 것이며, 도시화도 빠르게 진행될 것이라 전망했다. 그때가 되면 땅을 사는 사람도 크게 늘고, 땅값도 덩달아 오를 것이라고 믿었다.

자금이 부족했던 윌슨은 땅값이 저렴한 교외 지역을 집중 매입하기로 했다. 그러던 어느 날 교외의 한 황무지가 윌슨의 눈에 들어왔다. 농사를 짓기에도 적합하지 않았고, 지세가 나빠 교통도 불편했다. 그는 미국 경제가 빠르게 성장하면 도시 인구가 급증할 것이고, 그러면 도심 외곽이 연장돼 그곳이 노른자 땅이 될 것이라 판단했다.

윌슨의 예상은 적중했다. 불과 3년 만에 인구가 급증하고 도심 범위가 교외로 확대되면서 윌슨이 구매한 땅 근처까지 아스팔트가 깔렸다. 덩달아 땅값도 들썩이기 시작했다. 경치가 수려하여 여름철 휴양지로 적합하다고 생각한 부동산 업자들은 경쟁적으로 땅값을 올리며 땅을 구매했다. 하지만 윌슨은 매입한 땅을 쉽게 팔지 않았다.

그에게는 원대한 계획이 있었다. 그는 그곳에 자동차 이용자를 위한 홀리데이 인 호텔을 지었다. 위치도 적당하고, 편리하고 쾌적한 서비스를 제공하는 호텔은 오픈하자마자 몰려든 휴양객들로 큰 인기를 끌었다. 윌슨의 사업은 나날이 번창했고, 그는 세계 각지에 호텔 체인망을 구축하여 세계 어디서든 자신의 호텔을 만날 수 있게 했다.

혜안을 가진 사람은 현재를 바탕으로 미래의 업종 변화를 분석하고, 자금과 자원을 투자하여 큰 이윤을 남길 만반의 준비를 한다. 『중용』에 나오는 '범사예즉립 불예즉폐', 즉 '무릇 모든 일은 예측하여 준비하면 일이 잘되고, 예측하여 준비하지 못하면 일을 망친다'라는 구절과 상통한다. 유대인은 이를 부자가 되기 위한 필수 자질이라고 생각한다. 장기적인 안목과 시대를 앞서가는 혜안을 갖고 있는 사람은 기회와 위기를 모두 대비할 수 있다.

거리를 돌아다니는 골동품이나 살아 있는 화석이 되어서는 안 된다. 넘치는 패기와 장기적인 안목, 시대를 앞서가는 혜안과 실천력으로 무장해야 한다. 부자의 꿈을 안고 먼 미래를 바라보며, 현재를 객관적으로 파악해서 스스로를 끊임없이 더 높은 곳으로 끌어올려야 한다.

디테일에서 얻는
창의적 사고

디테일이 성패를 결정한다는 말을 들어본 적이 있을 것이다. 유대인은 일상이나 사업에서 디테일이 지혜를 샘솟게 한다는 철학을 철저히 신봉한다. 그래서 사소한 일을 절대 간과하지 않으며, 디테일 속에서 지혜를 활용해 부를 축적하는 것을 중요하게 여긴다.

──────── 20년 전, 젊은 유대인 스놈은 금방이라도 파산할 것 같은 백화점을 헐값에 사들였다. 그리고 모두의 예상을 뒤엎고 불과 3년 만에 이 백화점을 업계의 다크호스로 만들었다.

스놈은 다른 백화점 입구에 설치된 종이 수거함에서 고객들이 버린 영수증을 일일이 골라냈다. 그런 다음 영수증을 분석하여 해당 백화점의 매출액, 인기 상품, 고객들이 쇼핑을 마친 뒤에 추가로 구매하는 소소한 품목 등을 면밀히 분석했다. 그리고 발 빠르게 움직여 고객의 수요에 부응하면서 소비 패턴의 변화를 이끌었다. 그 결과 상당수 고객이 그의 백화점으로 발길을 돌렸고, 매년 영업이익 갱신이라는 결과를 만들어냈다.

당시에는 지금처럼 컴퓨터나 인터넷이 일반화되지 않아서 판매된 상품의 통계를 작성하고 재고를 정리하는 일을 일일이 해야 했다. 영수증을 주워 어떤 상품이 인기가 있고 없는지를 파악하는 것은 상대적으로 쉬운 일이었다. 물론 여기서 주목할 것은 세세한 부분에 신경 쓴 스놈의 일 처리 방식이다. 이렇게 함으로써 그는 고객의 소비 심리와 구매 양상을 파악할 수 있었고, 시간과 노력도 줄일 수 있었다.

큰 성공은 때로 작은 디테일 속에 숨어 있다. 종이 수거함 속의 종잇조각이 아이디어의 원천이 된 것처럼 말이다. 이렇듯 아주 작은 변화가 다른 한쪽에서는 작은 발전을 이뤄내고, 기존에 없던 전혀 다른 제품을 만들어내는 원동력으로 작용한다. 혁신이 질적 변화의 산물이라면 그 전제조건은 양적 변화의 축적이다. 즉 양적 변화가 쌓이지 않는다면 그에 따른 의미 있는 변화는 기대하기 어렵다.

작은 변화와 세세한 부분에 대한 관심이 창의적인 생각과 만나면 보잘것없는 것도 아주 특별한 것이 된다. 다음에 나오는 이야기를 읽어보면 더욱 그런 생각이 들 것이다.

─────────── 팜페로 케첩은 베네수엘라에서 큰 인기를 끌고 있는 히트 상품이다. 이렇게 선풍적인 인기를 끌고 있는 브랜드가 과거에는 절체절명의 위기에 직면했었다는 사실을 아는 사람은 많지 않다. 베네수엘라 정부가 국내 시장을 개방하면서 국내 선두를 달리던 팜페로는 하인츠, 델몬트 같은 해외 경쟁업체들에게 밀리기 시작했다. 팜페로가 국내 시장을 지키는 것은 불가능해 보였다. 그대로 주저앉을 없었던 팜페로의 회장은 돌파구를 찾기 위해 안간힘을 썼다.

밤낮없이 조사와 연구에 몰두하던 회장은 작은 문제 몇 가지를 발견했다. 그중 자사의 케첩과 다른 나라 케첩의 색깔이 약간 다르다는 점에 주목했다. 제조 방식의 차이 때문이었다. 팜페로는 토마토를 분쇄하기 전에 수작업으로 일일이 토마토 껍질을 벗기지만 대형 브랜드는 기계화된 생산 라인에서 자동으로 토마토를 분쇄하여 케첩을 만들고 있었다. 수작업으로 토마토 껍질을 벗기는 전통 방식은 많은 시간과 노동력이 필요했는데, 팜페로가 그런 방식을 고수해온 이유는 개발도상국이 가진 경쟁력인 저렴한 인건비 덕분이었다.

하지만 그런 방식으로는 경쟁력을 유지할 수 없었다. 개방이 가속화되면서 다국적기업이 개발도상국에 직접 공장을 설립할 수 있게 되었고, 심지어 현지 공장을 세울 필요도 없이 기존의 공장과 제휴하여 똑같이 낮은 인건비로 제품을 생산하는 일도 가능해졌기 때문이다.

원인을 찾아낸 회장은 현대화된 제조 방식으로 케첩을 생산하기로 결심했다. 하지만 팜페로의 경영진은 또 다른 방식을 모색했다. 제조 방식만 놓고 보면 효율성이 떨어지지만 어떻게 마케팅하느냐에 따라서 기존의 방식이 오히려 경쟁력이 될 수 있다고 판단한 것이다. 수작업으로 토마토 껍질을 벗기는 방식이 프리미엄 케첩이라는 이미지를 심어줄 수 있다는 판단이었다.

과학기술이 발전할수록 사람들은 자연으로 되돌아가고 싶은 욕구를 느끼며 자연 그대로의 맛을 추구하는 경향이 있다. 이 점에 착안한 팜페로는 자사의 특색을 살려 핸드메이드 케첩을 고수하기로 했다.

물론 팜페로가 세계 최고급 케첩이 되기 위해서는 경영진의 인식 전환외에도 시장에서 고객의 신뢰와 긍정적 평가를 받아야 한다는 과제가남아 있었다. 팜페로는 수작업으로 껍질을 벗긴 토마토케첩이 훨씬 깨끗하고 위생적이며 색깔도 선명하고 식감도 더 좋다는 사실을 소문내는 전략을 택했다. 대대적인 광고에도 나섰다.

'엄선된 토마토를 사용해 수작업으로 만든 프리미엄 케첩, 팜페로! 차원이 다른 색깔과 맛, 팜페로 케첩에서 색다른 가치를 찾으세요.'

예상대로 팜페로는 쟁쟁한 다국적기업을 물리치고 베네수엘라에서 시장 점유율을 높여갔고, 결국 국내 케첩 제조사 1위 자리를 되찾을 수 있었다.

디테일은 선뜻 시작하기 어려운 일의 출발점인 동시에 문제 해결의 핵심 열쇠다. 변화무쌍한 세상에서 돈을 벌기 위해서는 디테일에 신경 써야 한다. 디테일에서 지혜를 발휘하는 것이야말로 진정한 능력이자 노하우다.

팔로어가 아닌
리더가 돼라

길을 걸을 때 이목을 끄는 사람은 누구일까? 개성 있고 남과는 다른 스타일을 가진 사람일 것이다. 돈을 벌 때도 마찬가지다. 아무리 사소해도 남과 다른 무언가가 있어야 한다. 그래야 남들이 나를 주목하고, 거기에서 기회를 포착할 수 있다.

————————— 헨리 피터슨은 영국 런던의 유대인 가정에서 태어났다. 아버지가 일찍 세상을 떠나는 바람에 어머니가 생계를 꾸려야 했고, 생활고에 허덕이던 어머니는 가족을 이끌고 뉴욕으로 이주했다. 하지만 피터슨이 열네 살 때 어머니는 과로로 쓰러졌고, 공부와 일을 병행하던 피터슨은 돈을 벌기 위해 사회로 뛰어들었다.

2년 뒤 피터슨은 한 금은방의 견습생이 됐다. 그는 탁월한 손재주와 영민한 머리로 점점 실력을 키웠고, 덕분에 그를 찾는 단골손님도 꾸준히 늘어났다. 나중에는 자신만의 회사를 차려 직접 반지를 제작했다. 남은 과제는 자신이 만든 반지를 특별한 것으로 만드는 일이었다.

피터슨은 자신의 반지를 돋보이게 하려면 반드시 차별화되고 특징적인 무언가가 있어야 한다는 점을 잘 알고 있었다. 심사숙고 끝에 그는 약혼반지 디자인을 차별화하는 데서 해법을 찾았다.

사랑을 상징하는 액세서리는 대부분 하트 모양이고, 대다수 소비자도 이를 당연하게 받아들인다. 이 점에 착안한 피터슨은 변화를 시도했다. 그는 심장 두 개가 포옹하는 디자인을 만들어 서로의 마음이 통하는 듯한 로맨틱한 분위기를 연출했다. 여기에 순수한 사랑의 이미지를 더하기 위해 이삭 모양으로 만든 순백색의 꽃 두 송이가 보석을 떠받치게 했다. 독창적인 디자인에 사람들은 큰 관심을 보였고, 그는 하루아침에 유명해졌다.

하지만 피터슨은 만족하지 않았다. 그는 이어서 순백색 이삭 사이에 남자아이와 여자아이를 새겨 넣었다. 여자아이의 손에는 보석에 걸린 은색 선을 연결하여 앞으로 신랑 신부가 즐겁고 행복한 가정을 만들어가기를 축복하는 메시지를 담았다. 남자아이의 손에 연결된 은색 선은 더 독창적이었다. 이 선에는 수많은 물결무늬를 새기고, 무늬 개수도 상황에 따라 달리했다. 무늬 개수에 변화를 준 이유는 고객에게 특별한 의미를 부여할 수 있도록 배려하기 위함이었다.

전에 보지 못한 색다른 반지의 등장에 소비자들은 열광했다. 신혼부부들은 이 독창적인 반지에 찬사를 아끼지 않았고, 심지어 그가 디자인한 반지를 끼고 있는 것을 자랑스럽게 생각했다.

피터슨의 야심작은 대성공을 거뒀고, 그의 사업은 날로 번창하여 보석세공 업계에서도 두각을 나타냈다. 하지만 그의 꿈은 멈추지 않았다. 보석세공 업계에 발을 들인 순간부터 피터슨은 끊임없이 새로운 디자인을 연구했고, 1948년 마침내 상감 기법을 도입한 반지를 세상에 내놓았다. 기존에 없던 완전히 다른 디자인이었다.

그는 어떻게 이런 획기적인 아이디어를 생각해냈을까? 여기에는 이런 사연이 있다. 어느 날 한 부유한 상인이 소문을 듣고 그의 회사를 찾아왔다. 상인은 매우 크고 아름다운 사파이어를 꺼내놓으며 특별하게 디자인해줄 것을 요청했다. 특히 보석을 돋보이게 해달라고 주문했다. 상인은 그 반지를 여자친구에게 선물할 계획이었다.

사파이어를 보는 순간 피터슨은 영감이 떠올랐다. 그가 놀랄 만큼 새로운 디자인을 만들어낸 것은 아니다. 단지 보석의 상감 방식에 약간의 변화를 주었다. 그는 보석의 아랫부분을 금속으로 감싸서 떠받치는 디자인을 연출했다. 그 결과 절반 가까이 가려져 있던 보석이 훨씬 도드라져 보였고, 이는 상인의 요구를 완벽하게 충족시켰다.

피터슨은 작은 변화를 주어 오늘날 보석세공 업계의 고전과도 같은 새로운 기법을 고안해냈다. 이 기법을 적용한 반지는 전체의 약 90%가 밖으로 노출되었다. 부유한 상인이 비싼 가격에 이 반지를 구매하자 피터슨의 명성은 한층 더 높아졌고, 시장에서도 날개 돋친 듯 팔려나갔다. 발명 특허를 신청하자 보석세공 업체들이 앞 다투어 이 특허를 이용하면서 피터슨은 어마어마한 로열티까지 벌어들였다.

피터슨은 혁신을 멈추지 않았다. 그는 한 걸음 더 나아가 두 개의 보석을 하나로 합쳐 1캐럿의 다이아몬드를 2캐럿으로 보이게 만드는 기법을 개발했다. 소비자들은 그의 반지를 사기 위해 몰려들었고, 다른 보석 업체들 역시 너도나도 피터슨의 특허를 사들였다.

피터슨은 독창적인 아이디어를 개발하는 데 평생을 보냈다. 그는 명석한 두뇌와 대담한 구상을 통해 수많은 독특한 반지를 발명했고, 사람들은 그를 주저 없이 반지의 왕이라고 부르며 존경을 표했다.

이것이 바로 차별화의 힘이다. 피터슨은 남다른 창의력을 발휘하여 새롭고 독특한 반지를 개발해 소비자의 신뢰를 얻었고, 그 결과 막대한 부를 축적했다.

기존의 것을 지키고 답습하는 사람은 큰 실수를 범하지 않지만 큰 성공을 거두기는 어렵다. 세상은 과감하게 생각하고 용기 있게 행동하는 사람의 것이며, 변화하는 사람만이 부를 거머쥘 수 있다. 물론 이렇게 반박할 수도 있다. 위험이 도사리고 있는 불확실한 상황에서 소비자에게 인정받지 못하는 것보다 대세를 따르면서 생산 과정에 좀 더 신경 쓰고 가격을 낮추는 것이 더 낫지 않겠냐고. 틀린 생각은 아니다. 하지만 진정으로 큰 부를 쌓고 싶다면 남을 따라가는 팔로어보다는 아무도 가지 않는 길을 개척하여 남을 이끄는 리더가 되어야 한다. 그리고 이렇게 할 때 더 많은 부를 쌓을 수 있다.

유대인 생각공부

문은 열쇠로만 여는 것이 아니다.
끊임없이 바꿔서 생각하고,
생각의 범위를 넓혀 기존의 틀에서 탈출하라.

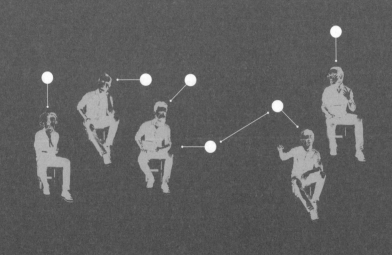

4장

협상과 생각공부

협상은 양쪽 모두가 이기는 게임이다

협상은
언어의 게임이다

　　치열한 비즈니스 현장에서 살아남기 위해 협상은 피할 수 없다. 상호 협력하고 교섭하는 과정에서 협상은 무엇보다 중요하다. '비즈니스 협상'의 사전적 정의는 '서로 다른 경제체가 자신의 경제적 이익을 달성하고 상대방의 요구를 충족시키기 위해 소통과 협상, 타협과 협력 등 다양한 방식을 동원하여 비즈니스 기회를 확정해 나가는 일련의 활동 및 과정'이다.

　　협상에 임하는 양측은 보통 하드웨어와 소프트웨어를 준비한다. 먼저 하드웨어는 제품의 품질, 회사의 신용도, 경영상의 강점 같은 요소를 말한다. 소프트웨어는 양측 협상 대표가 의사를 전달하고 협력을 촉진하는 데 필요한 언어를 말한다. 언어는 논리적 사유와 떼려야 뗄 수 없다. 그래서 비즈니스 협상에서는 논리적 사유력을 바탕으로 언변을 최대로 발휘하면 협상을 유리하게 이끌 수 있다.

——————————— 어느 날 브래더는 아르헨티나가 국제시장에서 3,000만 달러에 달하는 부탄가스를 구매하려 한다는 정보를 입수했다. 브래더는 이 협상을 성사시키고 싶었지만 그의 회사는 경쟁사에 밀리는 상황이었다. 방법을 찾아야 했다.

그러던 중 아르헨티나에서 쇠고기가 과잉 생산됐다는 소식을 들었고, 그는 먼저 3,000만 달러어치의 쇠고기를 수입한다는 조건을 걸어 아르헨티나 정부로부터 부탄가스 매입 계약을 따냈다. 이어 스페인으로 달려간 그는 수입 주문이 줄어 곧 파산할 위기에 몰린 조선소를 찾아갔다. 그러고는 건조비가 3,000만 달러인 대형 유조선을 구매하는 조건으로 자신이 구매한 3,000만 달러어치의 아르헨티나 쇠고기를 수입하도록 설득했다. 그다음에는 필라델피아의 수노코 사를 찾아가 3,000만 달러어치의 부탄가스 매입을 조건으로 자신이 스페인에서 건조한 3,000만 달러어치의 대형 유조선을 임대하는 협상을 성공시켰다. 이렇게 뛰어난 언변과 설득 덕에 브래더는 고대하던 석유업계에 발을 들여놓을 수 있었다.

브래더 같은 유대인은 아주 흔하다. 이용 가능한 모든 조건을 충분히 활용해 말로써 무궁무진한 사업 기회를 거머쥔다. 하지만 현실은 다르다. 고객이 자신의 의도를 이해하지 못할까 봐 "제 말 이해하셨습니까?", "무슨 말인지 아시죠?", "좀 어려운 문제인데 알아들으셨습니까?"라는 말이 더 많이 오간다. 당신이 협상에 참여한 사람이라면 이런 말을 들었을 때 어떤 기분이 들 것 같은가?

상대방을 못 미더워하는 말투는 반감을 일으키고, 결과적으로 협상 분위기를 나쁘게 만든다. 협상심리학자들은 한쪽이 상대방의 이해력을 의심하여 이런 질문을 한다면 존중받지 못하고 있다는 느낌을 줄 수 있다고 설명한다. 협상 고수는 절대로 상대방의 수준을 의심하는 말을 내뱉지 않는다. 대신 이렇게 말한다.

"제가 드린 말씀을 받아들일 수 있으십니까? 만약 의문이 드신다면 언제든 말씀해주십시오."

이렇게 말하면 상대에게 존중받는다는 느낌이 들어 협상이 타결될 가능성이 훨씬 커진다.

올바르고 바람직하게 말해야만 돈을 벌 수 있고, 기회가 찾아온다. 빌 클린턴 전 미국 대통령의 수석협상보좌관을 지낸 로저 도슨도 이 세상에서 돈을 가장 빨리 벌 수 있는 방법은 바로 협상이라고 했다. 협상을 통해 확보한 돈은 모두 순이익이기 때문이다. 예를 들어 어떤 회사의 주력상품이 500만 원에 팔린다고 하자. 그런데 당신의 협상 능력이 뛰어나 이 제품을 개당 600만 원에 팔 수 있다면 100만 원은 순수한 이익이 된다. 누가 이런 이익을 마다하겠는가.

─────── 호세 이그나시오 로페스는 한때 세계 최대 자동차 회사 중 하나인 GM 사에서 구매 담당 이사로 일했다. 그는 반년 동안

이사로 재직하면서 GM에 20억 달러의 순이익을 안겨주었다. 그가 이처럼 탁월한 실적을 올린 비결은 협상 덕분이었다.

자동차가 수많은 부품으로 이뤄져 있고, 대부분의 부품을 다른 회사에서 납품받는다는 사실은 누구나 아는 상식이다. 로페즈가 반년 간 그 자리에 있으면서 한 일은 단 한 가지, 모든 부품 납품 업체와 이렇게 협상한 것이다.

"우리 회사는 신용도가 높고 규모도 점점 커져 필요한 부품 수요량도 증가하고 있습니다. 따라서 우리는 부품 가격을 재평가할 필요가 있다고 생각합니다. 만약 귀사께서 우리가 만족할 만한 합리적인 가격을 제시하지 않는다면 우리는 즉시 협력 업체를 바꾸겠습니다."

몇 차례의 협상이 이어졌고, 최종 승자는 로페스였다. 그는 부품 조달 가격을 낮췄고 반년 만에 GM에 20억 달러라는 순이익을 안겨주었다.

모든 협상은 빈틈없는 논리와 명확한 의사전달이 밑바탕 되어야 하며, 이는 모든 협상 당사자가 갖춰야 할 필수 요건이다. 협상 과정에서 간단명료하게 의견을 전달하는 것은 최종 결과에 큰 영향을 끼친다. 일반적으로 논리적 사유력이 강하고 언변이 뛰어난 사람일수록 어떤 문제를 설명할 때 '분명한 주제, 명확한 논리, 간단명료한 언어'를 원칙으로 삼는다. 이 세 가지를 잊지 마라.

승률을 높이는
가장 확실한 방법

뛰어난 사고력, 언변과 함께 협상을 승리로 이끄는 또 하나의 중요한 요소가 있다. 바로 상대방에 대한 정보 수집이다. 협상에 앞서 상대방에 대한 핵심 정보를 최대한 많이 수집해야 한다. 그래야 협상 과정에서 주도권을 잡을 수 있고 측면 공격 방식을 통해 자신을 어필하고 제품을 팔 수 있다. 협상 사전 준비와 관련한 키신저의 일화를 살펴보자.

──────── 정계에 입문하기 전까지 헨리 키신저는 하버드대학의 교수였다. 정계에 입문하여 핵심 정치인이 되고 싶었던 그는 항상 야망을 이룰 기회를 노리고 있었다.

드디어 기회가 찾아왔다. 당시 미국은 베트남전쟁의 수렁에서 빠져나오지 못한 상태에서 새로운 대통령 선거를 앞두고 있었다. 정부는 전쟁으로 인한 타격에서 벗어나기 위해 베트남과 극비리에 평화회담을 진행했다. 협상 내용은 철저히 비밀에 부쳐져 극소수 핵심 인물 말고는 아무도 그 내용을 알 수 없었다. 한 관계자는 이번 협상이 다음 대통령 선거와 밀접한 관계가 있다고 했다.

당시 닉슨 대통령 후보를 포함한 많은 사람들이 프랑스 파리에서 진행되고 있는 비밀 협상의 내용을 알고 싶어 했다. 바로 이때 닉슨의 의중을 알아차린 사람이 키신저였다.

그는 친구를 통해 이 협상의 막후 첩보를 입수할 수 있다며 닉슨과 비밀 접촉을 했다. 실제로 키신저의 친구는 협상 첩보를 입수했는데, 내용은 크게 세 가지였다. 프랑스에 얼마 전 대형 사건이 터졌다는 것, 현 대통령이 조만간 베트남 북부 공격에 대한 중지를 명령할 예정이라는 것, 프랑스 정부가 이미 베트남 북부 공격 중지를 논의했다는 것.

정확한 정보를 입수한 닉슨은 대선 며칠 전에 진행된 담화에서 어떤 실수도 하지 않았다. 모두 키신저의 공로였다. 시의적절하게 제공된 정보 덕분에 닉슨은 유권자의 지지와 갈채를 받았고, 그 후의 결과는 익히 알고 있는 대로 닉슨의 대통령 당선이었다.

'물을 마실 때는 우물을 판 사람의 은혜를 잊지 않는다'는 중국 속담이 있다. 닉슨은 키신저에게 입은 은혜를 잊지 않았고, 키신저는 오랜 야망을 실현할 수 있었다.

만약 키신저에게 핵심 정보원이 없었거나 닉슨을 위한 첩보를 입수하지 못했다면 그는 정계 입문은커녕 백악관 근처에도 가지 못했을 것이다. 하지만 키신저는 이를 멋지게 해냈고, 닉슨으로부터 사실상의 부통령이라는 신뢰와 전폭적인 지원을 받았다. 사전 준비의 중요성을 확실히 보여주는 사례다. 이번에는 데이비스의 사례를 살펴보자.

──────── 세상 경험이 아직 부족한 청년 데이비스는 한 회사의 고객부에서 일하고 있었다. 근무 기간은 짧았지만 협상 능력만큼은 오래 근무한 직원들보다 뛰어나 까다롭기로 소문난 대기업과의 협상도 그가 나서면 90% 정도 성사되었다. 데이비스의 성공 비결은 간단했다. 그는 협상에 앞서 상대방에 관한 자료를 철저히 수집하여 100%에 가까울 만큼 상대를 파악했다.
데이비스의 말을 빌리면 '강적을 만났을 때 상대를 알고 나를 알면 백 번 협상해서 백 번 승리한다'는 것이었다. 그뿐만 아니라 데이비스는 사전에 모든 악재를 제거하기 위해 협상 전에 사이가 좋은 친구나 경험이 풍부한 협상가를 만나 항상 모의 협상을 진행했다. 이렇게 세심하고 철저한 준비 덕분에 그는 협상에서 거의 실패하는 법이 없었다.

유대인은 협상 전략을 짜기 전에 그 전략의 용도가 무엇인지를 명확히 정한다. 그리고 만에 하나 협상이 결렬될 경우 상대방에게 다른 조건을 제시하거나 별도의 조건을 내밀기도 한다.
협상 방식을 명확히 하는 것도 특징이다. 만약 횡적 협상 방식이라면 모든 의제를 펼쳐놓고 단계마다 몇 개의 세부 문제를 토론해야 하는지 결정하고, 이어 단계별로 하나씩 협상을 진행해나간다. 반대로 종적 협상 방식일 때는 의제에 우선순위를 두어 세부 문제가 안고 있는 논리적 요건에 따라 순차적으로 협상을 진행한다. 이 경우 각각의 문제가 100% 완벽하게 해결되기 전까지는 결코 다음 단계로 넘어가지 않는다.

협상 방안을 마련할 때는 협상의 주제와 목표, 기한 및 일정 등 어느 것 하나 소홀함이 없도록 세심하게 준비한다. 방안도 여러 가지 만들어 놓는다. 협상이 결렬되더라도 사전에 준비한 다른 방안을 제시하여 빈손으로 돌아가는 사태를 막기 위함이다. 이렇게 하기 때문에 협상에서 이길 가능성이 높다.

협상은 양쪽 모두
이기는 과정이다

협상은 각자의 이익을 취하는 동시에 협력하는 과정이다. 배타적인 이익 챙기기가 아니라 상대방과의 협력이라는 목표도 공유하고 있으므로 서로 얼굴을 붉히며 적대시할 이유가 없다는 의미다. 유대인은 환성과 웃음소리가 가득한 분위기가 협상 참여자의 긴장감을 누그러뜨리며, 상대에 대한 적대감을 완화하고 협력을 원하게 만들어 좋은 방향으로 귀결시켜 준다고 본다. 그래서 유대인은 때로 아주 여유롭고 우호적인 분위기 속에서 협상을 진행한다.

그들은 우호적인 협상 분위기를 만드는 노하우를 갖고 있다. 가벼운 이야기를 마치자마자 곧바로 본론으로 들어가면 분위기가 딱딱해질 수밖에 없다. 협상에 앞서 주제에서 벗어난 이야기로 워밍업을 하는 것이 바람직하다. 가령 협상 파트너가 타지에서 온 사람이라면 그가 여행하면서 보고 듣고 느낀 점에 관해 가벼운 대화를 나눠도 좋고, 최근 일어난 시사 이슈나 연예계 소식을 화제로 올려도 된다. 서로 잘 아는 사이라면 옛 추억이나 일상에 관한 얘기로 잠시 웃음꽃을 피워도 좋다. 이처럼 가벼운 대화는 심리적 거리를 좁혀주고 분위기를 화기애애하게 만들어 자연스럽게 본론으로 들어갈 수 있게 해준다.

하지만 가벼운 대화라고 해서 아무 얘기나 꺼내서는 곤란하다. 상대방의 기분을 상하게 하는 주제도 최대한 피해야 한다. 혼자 계속 얘기하는 것도 예의에 맞지 않다. 상대방을 이해할 수 있는 소중한 기회를 놓칠 수 있다. 유대인은 협상에서 말하는 방식을 매우 중요시한다. 협상의 물꼬를 잘 터야 협상을 원활하게 이끌 수 있다고 생각하기 때문이다.

──────────── 타임워너의 전신인 워너커뮤니케이션스의 설립자이자 타임워너의 공동 CEO였던 스티브 로스는 한때 장의업체에서 일한 경험이 있다. 하던 일을 그만두고 좀 더 큰 업체로 이직할 무렵 그는 상세한 인생 계획을 세웠다. 그중 하나가 어떤 소형자동차 렌터카 회사를 대신해 시저 키멜과 협상하는 것이었다.

당시 키멜은 뉴욕에 60여 개의 주차장을 보유하고 있었다. 로스의 목적은 이 렌터카 회사가 키멜의 주차장을 이용할 수 있도록 허가권을 얻어내는 것이었다. 그렇게 되면 자동차를 렌트한 고객은 무료로 주차장을 이용할 수 있고, 로스는 키멜에게 렌트비를 제공할 계획이었다.

로스는 키멜과의 협상에 앞서 그에 관해 조사를 했고, 이 과정에서 흥미로운 점을 발견했다. 키멜이 경마광인 데다 자신의 말을 소유하고 있으며, 그 말을 경기에 출전시킨다는 정보였다. 로스 역시 친척 중 한 명이 말을 기르고 있고 경마 대회에 참가한 적도 있는지라 승마에 대해 조금은 알고 있었다.

키멜의 집무실에서 협상을 준비하던 로스의 눈길이 한 장의 사진에 멈췄다. 키멜이 키우는 말이 큰 승마 대회에서 우승한 후 찍은 사진이었다. 그는 사진 앞으로 다가가 자세히 살펴본 뒤 놀라는 척을 하며 말했다.

"이 대회에서 2등을 차지한 말이 제 친척인 모티 로젠탈의 말이군요."

이 말을 들은 키멜은 당연히 흥미를 보였다. 두 사람은 의기투합해서 많은 얘기를 나눴고, 성공적인 투자 계약을 체결했다. 이날의 성공적인 협상에 힘입어 로스의 회사는 지속적인 성장을 거듭했고, 훗날 그의 첫 번째 상장 회사가 됐다.

협상은 치열한 경쟁으로, 양쪽은 각자의 입장에서 더 많은 이익을 얻기 위해 고심하고 노력한다. 하지만 얼음장처럼 차가운 얼굴과 엄숙한 표정으로 자리에 앉자마자 본론에 돌입한다면 분위기는 순식간에 냉랭해지고 상대방은 갑갑함을 느끼게 될 것이다. 그러면 상대방은 작전 타임을 요청하거나 협상을 서둘러 끝마치려 하거나 일정 연기를 요구할 수 있다. 반면 우호적인 협상 분위기는 윤활유 같은 역할을 해 어색한 분위기를 해소해주고 소통의 어려움도 없애줘 협상을 급진전시킨다.

─────────── 하이테크 회사의 CEO 달리는 과거에 어떤 협상을 아주 훌륭하게 끝마친 경험이 있다. 2등이 확정된 제품을 재심사를 거쳐 1등으로 바꾸는 데 성공한 것이다.

과학기술 분야의 우수상품 선발대회에서 자사 제품이 2등을 차지하는 데 그치자 달리의 최고경영진은 만장일치로 자신들의 제품이 1등을 수상할 자격이 충분하다고 판단, 재심을 신청하기로 결정했다. 그리고 심사위원을 감동시키고 설득시킬 중책을 달리에게 맡겼다.

달리는 각 분야의 최고 권위자인 심사위원들이 자신의 말 한마디에 쉽게 생각을 바꾸지 않을 것이라는 걸 잘 알고 있었다. 심사위원 50명 가운데 10명의 동의를 받기도 힘든 상황에서 3분의 2에 달하는 동의를 받는 것은 거의 불가능해 보였다. 심지어 심사를 총괄하는 책임자는 매우 단호했다.

"우리는 지금까지 2등을 1등으로 바꾼 전례가 없습니다. 2등을 3등으로 바꾼 경우는 있었지만."

달리는 협상 분위기를 유리하게 만드는 일부터 착수했다. 그는 매스미디어를 통해 전달되는 정보가 대중에게 긍정적 또는 부정적 결과를 일으키는 효과를 떠올리며 몇몇 권위 있는 신문사를 선택, 대대적으로 자사 제품을 홍보하는 글을 게재했다. 영향력 있는 신문들의 홍보 내용은 모두 같았다.

'본 제품은 2등이 될 수 없습니다.'

신문의 영향력에 힘입어 독자들이 심사위원들의 결정에 의혹을 갖기 시작했다. 몇 주에 걸친 언론 공세가 이어지자 전문가들도 애초에 심사에 문제가 있었던 것은 아닐까 하는 의문을 품기 시작했다. 이때부터 달리는 전문가를 일일이 찾아다니며 각개격파에 나섰다. 그는 제품심사에 관해서는 일절 언급하지 않고 예의 바르게 말했다.

"다른 뜻은 전혀 없습니다. 그저 우리 회사를 한 번 더 방문하셔서 제품을 봐주시기를 부탁드립니다."

이런 식으로 달리는 전문가들을 한 명씩 초청했는데, 이때는 매스컴의 대대적인 홍보 덕분에 이들의 뇌리에 변화가 생긴 뒤였다. 가볍고 유쾌한 분위기 속에서 협상을 진행한 결과 달리의 회사 제품은 1등이라는 영예를 거머쥘 수 있었다.

　　자신에게 유리한 분위기를 조성하여 전세를 극적으로 역전시킨 사례다. 여기서도 알 수 있듯이 협상 분위기는 참가자의 기분과 행동에 직접적인 영향을 주며, 나아가 협상의 방향까지 좌우한다. 유대인은 이처럼 협상 분위기를 유연하게 조정하여 자신에게 유리한 방향으로 흘러가게 함으로써 최후의 승리자가 된다.

　　협상 과정에서 의견 충돌과 같은 불협화음이 발생한다고 해서 이성을 잃고 화를 내거나 극단적인 말을 내뱉어서는 안 된다. 최대한 부드러운 방식으로 이견을 해소하고, 협상 분위기를 바꾸려고 노력해야 한다. 협상은 상대를 굴복시켜 억지로 승리를 쟁취하는 것이 아니라 서로 윈윈 하는 과정임을 명심하라.

교묘하게
질문하는 기술

　　　　　유대인은 적절한 시점에 핵심을 찌르는 전략적인
질문을 던지는 것이 협상의 성공 전략이라고 믿는다. 이에 대해 한 유
대인 상인은 '우리는 특히 관심 있거나 중요시하는 문제를 상대방에게
던진다'고 했다. 대표적인 질문이 "귀사는 제품의 인기도에 대해 어느
정도 파악하고 계십니까?"이다.

　이 질문은 겉으로 보면 상대방이 제품을 얼마나 인기 있다고 생각
하는지에 관한 질문일 수도 있지만 좀 더 깊이 파고들면 질문자가 상
대방 제품의 판로를 우려한다는 뜻이기도 하다. 만약 좀 더 강한 어투
로 이런 질문을 던졌다면 매우 중요한 문제라는 의미다.

　질문은 상대방을 파악하고 분석하는 시간을 단축시켜 주는 동시에

더 많은 정보를 파악할 수 있게 해준다. 구체적인 질문 기법을 통해 유대인의 노하우를 배워보자.

• 상황에 따라 질문 방식을 선택한다

어떤 사업을 하든, 그 규모가 크든 작든 유대인은 결코 두루뭉술하게 말하는 법 없이 항상 진지하다. 오랜 경험을 통해 그들은 협상 테이블에서 질문을 던지는 몇 가지 노하우를 터득했다.

첫째, 상황 파악형 질문으로 "방금 말씀하신 이 사업은 유동성이 커서 조건을 다시 따져봐야 한다는 거죠? 그렇다면 최종 확정된 내용은 아니란 말씀이군요?"라고 말한다. 둘째, 유도형 질문으로 "다시 말해 우리 제품의 가격을 20% 인하하면 받아들일 의향이 있다는 말씀이네요?"라고 유도한다. 셋째, 의견 문의형 질문으로 "귀사의 책임자로서 당신은 이번 협력을 어떻게 생각하십니까?"라고 묻는다. 넷째, 탐색형 질문으로 "이런 식으로 이 사업을 진행하면 실현 가능성이 크겠습니까?"라고 묻는다. 다섯째, 협상형 질문으로 "이번에 귀사의 제품 5,000개를 주문한다면 우리에게 40%를 할인해줄 수 있습니까?"를 확인한다.

이처럼 유대인은 상황에 따라 질문 방식을 적절하게 바꾼다. 하지만 어떤 방식으로 질문하든 시종일관 부드러운 말투와 우호적인 자세를 유지한다. 조금이라도 비우호적인 질문을 던지면 상대방이 금방 반감을 갖는다는 사실을 잘 알기 때문이다. 어차피 협상은 사업을 해서 돈을 더 많이 버는 것이 목적인 만큼 돈과 관련 없는 말을 할 이유가 없다.

- 질문의 의도를 정확하게 한다

협상에서 질문을 던지는 목적은 자신이 모르는 정보를 상대방에게 제공받기 위함이다. 유대인은 이 사실을 명확하게 인식하고 있다. 예를 들어 "이 제품의 평균 가격은 얼마입니까?", "귀사 제품의 타깃은 누구입니까?"와 같은 질문을 던졌을 때 의도를 명확히 밝히지 않으면 상대방은 불안해하거나 쓸데없는 억측을 할 가능성이 크다.

가령 A와 B 두 사람이 상품 매입가에 관해 협상한다고 하자. A가 자신이 원하는 매입가를 얘기한 뒤 B의 의견을 물어본다면 B는 A가 제시한 가격을 참고하여 신중한 대답을 내놓을 가능성이 크다. 하지만 B가 자신이 원하는 조건을 전혀 얘기하지 않은 채 단도직입적으로 A의 의견을 물어온다면 A는 심리적으로 불안감을 느끼게 된다. A는 B가 생각하는 마지노선이 얼마인지 알 수 없으니 결국 B가 만족할 수 없는 황당한 답변을 할 가능성이 크기 때문이다. 이 경우 A와 B의 협상은 틀어질 가능성이 높다. 하지만 그런 결말을 원하는 유대인은 없다. 상대방에게 질문할 때는 의도를 명확히 밝혀야 협상을 매끄럽게 이어 나갈 수 있다는 사실을 잊지 마라.

- 질문에도 타이밍이 있다

유대인은 똑똑하고 근면하며 심지어 약삭빠르기까지 하다. 협상에서 유대인은 질문을 잘하기보다 적절한 타이밍에 질문하는 것을 더 중요시한다. 질문 내용이 아무리 좋아도 타이밍이 부적절하면 효과가 적다고 생각하기 때문이다. 그들은 상대방의 말을 다 듣고 난 뒤에 질문한다. 또 상대방이 말을 하는 사이 또는 잠시 쉴 때 질문한다. 그리고 자신이 말할 차례가 됐을 때 질문한다. 이 경우 의견을 말하기에 앞서 상대가 방금 했던 말에 대한 질문부터 던진다.

- 한 번에 한 가지 질문만 한다

유대인은 상대방에게 질문할 때 가급적 한 번에 한 가지 질문만 한다. 또한 질문과 질문 사이에 어느 정도 시간을 두어 답변할 여유를 준다. 지나치게 많이 질문하면 마치 경찰에게 취조 당하는 듯한 느낌을 주어 반발감이 생긴다는 것을 알기 때문이다.

- 말을 하는 속도도 전략이다

유대인은 상대방에게 질문을 던질 때 말의 속도에도 신경 쓴다. 이 것만 보더라도 유대인이 얼마나 철저하고 세심한지 알 수 있다. 그들은 경험을 통해 질문자가 너무 빨리 말하면 상대방에게 조급하고 침착하지 못한 사람이라는 인상을 준다는 사실을 터득했다. 반대로 너무 천천히 말하면 상대방을 답답하게 해 질문의 효과가 떨어지고 결국 질문자가 원하는 목적을 달성할 수 없다는 사실도 터득했다. 지나치게 빨라서도 안 되고 지나치게 느려서도 안 된다.

- 엄선한 단어로 명료하고 간결하게 질문한다

유대인은 협상에 임할 때 세부적인 내용은 물론 문장 하나까지 신경을 쓴다. 질문을 할 때도 마찬가지다. 그들은 사전에 질문할 내용을 심사숙고한 뒤 적절한 어휘를 선택해서 가장 명료하고 간결하게 말한다. 즉 상대방이 한 번 듣고 바로 이해할 수 있는 언어를 사용한다. 그렇게 하면 문제는 대표성을 갖게 되고, 서로 난처한 상황에 놓이는 경우도 피할 수 있다.

- **상대방의 대답을 재촉하지 않는다**

비즈니스 협상에 자주 참여해본 사람은 이른바 밀당을 많이 경험했을 것이다. 어떤 질문을 던졌을 때 무슨 이유에서인지 상대가 명확한 대답을 피하고 두루뭉술하게 넘어가려는 경우가 있다. 이런 경우 유대인은 굳이 상대방을 압박하여 대답을 얻으려고 애쓰지 않는다. 상대방이 압박과 부담을 느낀 나머지 협상이 난항에 빠지거나 충돌로 이어질 수 있기 때문이다. 그렇다고 유대인이 상대방에 관한 정보를 입수하지 않고 속수무책으로 협상 테이블에 앉아 있을까? 결코 그렇지 않다. 측면 공격을 통해 원하는 답을 얻어내기도 하고, 잠시 문제를 덮어두었다가 적절한 시점에 다시 질문을 던지기도 한다.

계획적으로
답하는 기술

협상 과정에서는 상대방의 질문에 대답해야 하는
경우가 많다. 그럴 때마다 선생님 질문에 대답하는 학생처럼 뭐든지
대답해야 할까? 유대인의 대답은 '아니오'다. 그들은 협상 테이블에서
의 대답은 심사숙고 끝에 신중하게 해야 하며, 일상적인 질문에 대한
대답과는 차원이 달라야 한다고 생각한다.

어느 성공한 유대인 상인은 협상에서 상대방의 질문에 대답할 때는
더욱 심오한 노하우가 필요하다고 말한다. 협상에서의 대답은 독립적
이고 개별적인 답변이 아니라 질문과 관련이 깊다. 또 한마디 한마디
에 책임이 따르기 때문에 상대방에게는 일종의 약속처럼 받아들여질
수 있다. 같은 질문에 답변을 달리함으로써 효과가 확연히 달라지기도

한다. 무릎을 칠 만큼 절묘한 대답은 결렬 직전의 협상도 되살릴 수 있지만 형편없는 대답은 절호의 기회마저 날려버리고 만다. 이번에는 유대인이 상대방의 질문에 어떻게 답변하는지 보자.

- 심사숙고하여 대답하되 너무 빨리 말하지 않는다

협상을 하다 보면 상대방의 질문이 끝나자마자 기다렸다는 듯이 답변을 하여 자신의 능력을 과시하는 사람이 있다. 하지만 이런 방식은 그다지 적절하지 않다. 유대인은 협상 테이블에서의 답변은 일상적인 대답과는 달리 빨리 대답할수록 마이너스가 된다고 생각한다.

협상에서 상대방이 던지는 질문은 매우 정교하고 날카로우며 심지어 의도를 품고 있는 경우가 많다. 그래서 상대방의 의도를 파악하지 못한 채 고분고분 대답했다가는 상대방이 쳐놓은 함정에 빠지고 만다.

특히 히든카드를 노출할 수도 있는 문제라면 더욱더 신중을 기해야 한다. 설령 바로 대답해야 하는 상황일지라도 다소 뜸을 들이면서 천천히 대답해야 한다. 예를 들어 A가 B에게 과거 물량 공급 상황에 대한 질문을 했다고 하자. 이것은 A가 B에게 물건을 대량 구매하기 위해서일 수도 있고, B의 재고 상황을 파악하기 위함일 수도 있으며, 매입가를 유추하기 위한 질문일 수도 있다. 이때는 상대의 숨은 의도를 정확하게 파악하기 전까지 대답하지 않는 것이 좋다.

또 다른 각도에서 보면 답변의 질은 생각하는 시간에 비례한다. 자신에게 유리한 대답을 하기 위해서라도 철저히 따져보고 심사숙고한 뒤에 답해야 한다. 종종 상대방의 대답을 재촉하는 경우가 있는데, 이는 상대방이 자신의 의도를 파악하기 전에 서둘러 히든카드를 보여주도록 유도하려는 의도다. 이런 상황에 놓였을 때는 "어려운 문제군요. 좀 더 생각해봐야 만족스러운 답변을 할 수 있을 듯합니다"라고 솔직하게 말하면 된다.

- 전부 대답하지 않는다

이 말은 대답의 범위를 축소하거나 절반만 대답하라는 의미다. 가령 상대방이 "귀사는 우리 측이 제시한 조건에 만족하십니까?"라고 물었다고 하자. 만약 당신이 이에 즉시 대답한다면 상대방은 당신의 협상 히든카드가 무엇인지 바로 알아챌 것이다. 이럴 때는 이렇게 대답하는 것이 바람직하다.

"앞의 다섯 가지 조건에 대해서는 특별한 이의가 없습니다. 하지만 나머지 몇 가지 조건은 좀 더 생각해봐야 할 것 같습니다."

- 대답하기 어려운 문제는 함부로 대답하지 않는다

협상 참여자는 백과사전이 아니다. 사전 준비를 철저히 했는데도 난처하거나 잘 모르는 문제에 직면할 수 있다. 이럴 때 체면을 차리기 위해 함부로 대답해서는 안 된다. 오히려 체면이 깎일 수도 있고, 회사에 치명적인 손실을 입힐 수도 있다. 질문이 이해되지 않을 경우 유대인은 잘 모르기 때문에 명확한 답변을 할 수 없다고 솔직하게 말한다. 상대방은 유대인의 이런 솔직함을 마음에 들어 한다.

- 주객을 전도하고, 상대방의 질문에 반문한다

유대인은 협상 과정에서 대답하기 곤란한 질문을 받으면, 즉답을 피한 채 상대방에게 반문함으로써 수세를 공세로 역전시키는 탁월한 수완이 있다. 가령 상대방이 "귀사는 우리 회사의 의견을 신중히 고려해보셨습니까?"라고 물었다고 하자. 이 경우 유대인은 질문에 답하는 대신 "귀사는 우리의 견해를 상세히 생각해보셨습니까?" 또는 "귀사의 의견을 다시 한 번 말씀해주시겠습니까?"와 같이 역으로 질문한다. 이런 방식을 통해 상대방의 질문 의도를 정확히 파악한 후에 비교적 덜 위험한 답변을 한다.

- 적절한 타이밍에 "모른다"고 말한다

협상은 쌍방이 교류하는 과정이다. 따라서 양측은 상대방의 감정이나 언어의 변화를 잘 관찰하여 수시로 대응 방식을 고민한다. 종종 자신의 견해를 아예 표현하지 않은 채 "잘 모르겠습니다"로 일관하는 경우도 있는데 의외로 효과가 좋다. 이는 잘 모르겠다는 말에 삼중의 의미가 포함되어 있어서 상대방이 자신의 생각을 알아차리지 못하기 때문이다. 한 유명한 협상 전문가는 모른다는 말 한마디로 이웃과의 소송에서 거액의 보상금을 타내기도 했다.

───────────── 협상은 유대인 협상 전문가의 집에서 진행되었다. 보험사 직원이 먼저 입을 열었다.

"선생님, 제가 듣기로 선생님은 협상 전문가라고 하더군요. 지금까지 거액의 협상만 담당하셨다고 하던데, 아무래도 저는 선생님의 요구 조건을 충족시키기 어려울 듯합니다. 저희 회사에서 100달러를 보상금으로 드린다면 수용하시겠습니까?"

유대인은 엄숙한 표정을 지은 채 아무 말도 하지 않았다. 보험사 직원은 다소 당황하면서 말했다.

"죄송합니다. 조금 전에 제가 드린 제안은 잊어주십시오. 그럼 금액을 조금 높여서 200달러는 어떻습니까?"

유대인은 고개를 흔들면서 말했다.

"금액을 조금 높인다고요? 죄송합니다만 받아들일 수 없습니다."

직원이 다시 말했다.

"좋습니다. 그럼 300달러는 어떻습니까?"

유대인이 말했다.

"300달러요? 흠, 잘 모르겠습니다."

직원은 상당히 당황하면서 말했다.

"알겠습니다. 그럼 400달러는 어떤가요?"

유대인이 대답했다.

"400달러요? 흠, 잘 모르겠습니다."

"아직도 만족하지 못하신다고요? 그럼 500달러를 보상하겠습니다."

"500달러요? 흠, 모르겠습니다."

"그만두시죠. 협상의 고수인 당신을 보니 제가 졌군요. 이렇게 하시죠. 600달러를 드리겠습니다. 더 이상은 곤란합니다."

유대인은 여전히 똑같은 대답을 반복했다.

"600달러요? 흠, 모르겠습니다."

결국 그는 950달러의 보상금을 받아냈는데, 상대가 최초에 희망한 보상금은 300달러였다. 나중에 그 유대인도 스스로에게 감탄했다.

"모르겠다는 말이 이렇게 대단한 줄 몰랐는걸."

침묵으로
금맥을 캐다

유대인은 협상 과정에서 일부러 침묵을 지키기도 한다. 말로 치열하게 대립하는 협상에서 침묵으로 금맥을 캘 수 있다는 사실은 쉽게 이해되지 않을 것이다. 여기서 말하는 침묵은, 한마디도 하지 않은 채 상대방의 말을 듣기만 한다는 뜻이 아니라 침묵도 하나의 전략이라는 의미다. 유대인이 생각하는 침묵 전략의 정의는 다음과 같다.

'비즈니스 협상에서 적절한 시점에 입을 다물고 주도권을 포기한 채 상대방이 마음껏 연기를 펼치도록 내버려두거나 상대방에게 많은 질문을 던지는 것이며, 상대방에게 핵심 주제를 중심으로 발언을 계속하도록 유도함으로써 그의 숨은 진정한 동기와 최저한의 협상 목표를 드러내도록 만들고, 이어서 상대방의 동기와 목표를 바탕으로 자기의 의도를 결합함으로써 유목적적인 대답을 내놓기 위한 행위.'

이것만 보더라도 유대인의 세심함은 끝이 없다. 겉으로는 아무 말도 하지 않는 것처럼 보이지만 사실은 그렇지 않다. 마치 상대방을 밝은 곳에 두고 나는 어두운 곳에 머무르며 상대방을 파악하는 이치와 비슷하다.

협상에서 끊임없이 말하는 것은 좋지 않다. 침묵의 미덕을 모르는 협상 참여자에게 가장 큰 약점은 인내심 부족이다. 그들은 자신의 생각을 말하고 싶어서 상대방이 얘기를 끝마칠 때까지 기다리지 못한다. 그들에게 협상의 목적은 자신의 조건을 설명하고 견해를 표현한 뒤 상대방의 생각을 공격하는 것이다. 그래서 협상 테이블에 앉아 다음에 무슨 말을 할 것인지만 생각한다. 상대방의 말에는 귀 기울이지 않기 때문에 상대에 대한 중요한 정보를 입수할 기회를 잡지 못한다.

유대인은 이렇게 하지 않는다. 그들은 상대방의 말을 경청하는 데 대부분 시간을 할애한다. 상대방의 말 한마디에 신경을 집중하고, 상대방의 저의가 무엇인지 천천히 파악하여 더 많은 이익을 확보한다.

──────── 생활용품 생산 업체를 운영하는 미첼은 풍부한 협상 경험을 가진 사장이다. 공장을 세운 이후 10년간 많은 협력 사업을 성공시켰다. 그 결과 그의 기업은 안정적으로 성장했고, 엄청난 순이익도 거뒀다. 협상에 임하는 미첼의 노하우 가운데 하나는 적절한 침묵이었다.

"협상 테이블에서는 가격을 제시한 후에 아무런 말도 하지 않아요. 그 냥 상대방의 반응을 지켜보는 거죠. 당신은 상대방의 가격 마지노선이 얼마인지, 상대방이 당신의 제안을 받아들일지 전혀 몰라요. 그러니 입을 다무는 것이 최선이죠."

언젠가 미첼은 한 회사와 제휴 방안에 대해 논의했다. 몇 마디 가벼운 대화가 오간 뒤 본론으로 들어갔는데, 상대방 대표는 미첼에게 매입가 에서 20%를 깎아달라는 매우 가혹한 요구를 했다.

미첼은 침묵하는 척하면서 그를 무시했다. 계속 시간이 흐르자 어색함 을 이기지 못한 상대방이 다시 말문을 열었다.

"저희가 2,000개의 제품을 구매하면 가격을 20% 깎아줄 수 있겠습니 까?"

미첼은 여전히 침묵했다. 결국 미첼은 매입가는 10% 인하하고 매입량 은 전보다 두 배 늘리는 조건으로 협상을 체결했다.

미첼은 상대방이 가격 인하를 요구할 때는 침묵 전략을 사용하는 것이 효과적이라고 말한다. 상대방에게 가격을 제시한 뒤 상대방의 태 도를 지켜봐야 하며, 상대방이 말하기 전에는 어떤 말도 해서는 안 된 다. 이 원칙을 어기고 어떤 식으로든 말을 하면 무조건 패배한다. 그렇 게 하는 순간 상대방은 당신이 제시한 가격에 어떤 숨은 의도가 있다 고 생각하여 당신의 가격 마지노선을 알아내기 위해 끝까지 물고 늘어 질 가능성이 크다. 한 번쯤 협상에 참여했던 경험이 있을 테니 기억을 더듬어보기 바란다. 침묵의 어색함을 이기지 못하고 먼저 말문을 연쪽이 결국 양보하지 않았는가?

협상에서는 절대로 서둘러 말해서는 안 된다. 입술을 질끈 깨물고 버티는 인내심을 가져라. 사르코지라는 청년의 사례를 보자.

───────── 사르코지는 의료기기를 취급하는 회사의 젊은 사장이다. 소규모 제약회사의 대표와 협상을 위해 전화로 시간 약속을 잡은 그는 샘플과 자료를 들고 상대방의 회사로 갔다. 몇 마디 말끝에 사르코지는 이 회사의 협상 대표가 품질보다 가격을 중요시하는 사람이라는 사실을 간파했다. 적절한 시점에 침묵 전략을 쓰면 이익을 극대화할 수 있겠다고 생각했다.

그는 간단히 제품을 소개하고 시연을 마쳤다. 제품의 효과와 품질 모두 문제없었고, 상대방에 대한 느낌 역시 좋았다. 모든 준비가 끝났고, 마지막 관문인 가격 협상만 남았다.

사르코지는 가급적 말을 아낀 채 상대방의 말을 경청하며 상대방이 반대 의견과 우려 사항을 자발적으로 말하도록 유도해야겠다고 생각했다. 그는 먼저 상대방에게 가격을 제시하여 상대방이 이를 분석하도록 했다. 상대가 말했다.

"얼마 전에 다른 몇 개 회사와 이 제품을 놓고 협상을 했는데, 그 제품도 품질이 아주 좋았습니다."

주의 깊게 경청하던 사르코지는 그가 다른 회사들의 제품 가격이 자사보다 경쟁력 있다는 말은 하지 않았다는 점을 포착했다. 사르코지는 계속해서 침묵을 유지했다.

상대방은 몇 가지 조건을 제시했다. 품질 보증과 후속 서비스에는 아무런 문제가 없었고 계약 사항에 이미 들어 있었다.

마침내 가격을 언급한 상대방은 사르코지에게 약간의 가격 인하를 요구했다.

"제대로 판매될지 확신하기 어렵군요."

그 말에 드디어 사르코지가 대답했다.

"혹시 물건이 안 팔려 재고가 쌓일까봐 걱정이시라면 일단 물건을 일부만 제공할 테니 시험해보십시오. 가격은 도매가로 드리겠습니다. 어떻습니까?"

상대방은 이 제안을 거부했다. 그러면서 그는 제품을 이리저리 살펴보면서 하자를 찾아내 가격을 더 깎으려고 애썼다. 하지만 제품에 자신이 있었던 사르코지는 걱정하지 않았다.

한 시간 정도 이어진 협상에서 사르코지는 겨우 세 마디만 했다. 나머지는 모두 머리를 끄덕이거나 가로저었을 뿐이다. 마침내 상대방이 가격을 제시했고, 사르코지는 속으로 쾌재를 불렀다. 원하던 가격이었다. 하지만 그는 표정 관리를 하며 침묵을 지켰다.

30분 뒤 상대방은 또다시 양보했다.

"우리가 좀 더 많이 구매하죠. 원래 계획에서 300개를 추가 구매하겠습니다. 가격은 조금 전에 약속한 대로 하시죠. 지금 바로 계약을 체결합시다. 가급적 물건을 빨리 보내주시기 바랍니다."

사르코지는 마침내 고개를 끄덕였고 계약서에 서명했다.

사르코지의 승리 비결은 적절한 시점에 침묵을 지키면서 상대방의 반응을 지켜보는 침묵 전략에 있었다. 상대방이 더 이상 할 말이 없어졌을 때 회심의 반격을 가해 한방에 승리를 거머쥔 것이다. 침묵은 금이라는 금언을 다시 한번 확인시켜주는 사례다.

말하기는 협상의 주요 수단이고, 듣기는 협상의 보조 수단이다. 적절한 시점에 침묵을 지키고 상대방의 의견을 경청하는 것은 반드시 갖춰야 할 협상 전략이다. 유대인은 협상 과정에서 상대방에게 말할 기회를 주고, 그들의 말을 경청하면서 상황을 파악한다. 그리고 최후의 승리를 거둔다. 적절한 타이밍에 침묵을 지키는 전략은 상대방에게 타협을 재촉하는 한편 내 히든카드는 감출 수 있는 매우 효과적인 방법이다.

유대인 생각공부

협상은 상대를 굴복시켜
억지로 승리를 쟁취하는 것이 아니라
서로 윈윈 하는 과정이다.

5장

마케팅과 생각공부

고객에 대한 진정성이 전부다

고객의 마음은
언제 움직이는가

사업을 하려면 제품을 판매해야 하고, 제품을 판매하려면 고객이 있어야 한다. 어떻게 하면 고객이 말을 잘 들을 수 있게 할 수 있을까? 가격으로 고객의 생각을 바꿔야 할까, 아니면 다른 전략으로 고객을 감동시켜야 할까? 품질이 우수하면 고객은 자연히 제품을 찾을 것이고, 광고나 홍보를 잘하면 고객의 신뢰를 얻을 수 있다고 생각하는 사람도 있을 것이다.

유대인은 절대로 가격이나 품질, 홍보로 고객의 신뢰를 얻으려 하지 않는다. 지나친 홍보는 오히려 고객의 반감을 산다고 생각한다. 그들의 비결은 오직 고객을 감동시키는 데 있다. 고객을 감동시킬 수 있다면 성공한 사업가의 반열에 오르는 것은 시간문제다.

고객의 생각을 바꾸는 힘이 언변이라면 고객을 감동시키는 원동력은 마음의 문을 두드려 울림을 주는 진정성이다. 어떻게 하면 고객을 감동시킬 수 있을까를 고민하고 있다면 유대인의 노하우를 배워라. 낮은 가격이나 우수한 서비스는 고객에게 만족감을 주는 데 그치지만 감동은 고객에게 상상을 훨씬 뛰어넘는 기쁨을 주기 때문이다. 간단히 말해 고객 감동은 고객에게 관심을 갖는 동시에 고객을 돕는 과정이다. 경험이 풍부한 한 유대인 사업가는 이렇게 말한다.

"고객의 마음은 마치 닫혀 있지만 자물쇠를 채우지 않은 문과 같다. 고객의 마음을 붙잡는 데는 고객의 심리적 욕구를 충족시키는, 이른바 감성 투자가 가장 효과적이다. 즉 고객이 원하는 존중과 관심, 칭찬과 중요한 존재라는 느낌을 고객의 마음에 심어주어야 한다."

———————— 열정적인 여성 소피아는 백화점에서 사탕을 판매하는 일을 하고 있었다. 소피아는 자신의 매대 앞에 오는 모든 고객을 미소로 맞이했고, 언제나 온화하고 열정적으로 제품을 설명했다. 수많은 고객이 소피아의 매대에서 사탕을 사면 봄 햇살 같은 따사로움이 느껴진다고 입을 모았다.

어느 날 한 여성 고객이 화가 난 얼굴로 소피아의 사탕 매대로 다가왔다. 소피아는 항상 그랬듯 얼굴에 미소를 가득 띠고 인사를 건넸다.

"안녕하세요. 무엇을 도와드릴까요?"

하지만 고객은 차가운 얼굴로 대답했다.

"아뇨, 그냥 보기만 하면 안 되나요?"

그러면서 소피아에게는 눈길조차 주지 않았다. 소피아는 고객을 따라 걸어가며 생각했다.

'분명 좋지 않은 문제가 생긴 것 같아. 뭔가에 상처를 받은 표정이잖아. 내가 도와주면 이 분의 기분이 나아질지도 몰라.'

이렇게 생각한 소피아는 다시 미소를 띠며 말했다.

"이번에 새로운 맛의 사탕이 벨기에서 들어왔는데요. 맛이 아주 좋아요. 소개해드려도 될까요?"

고객은 여전히 화난 표정이었지만 소피아는 꿋꿋이 온화한 미소를 지었고, 마침내 그녀는 소피아의 열정에 감동했다. 여성이 미안한 기색을 보이며 말했다.

"조금 전에는 죄송했어요. 아들이 아침도 안 먹고 수영을 하러 가는 바람에 기분이 상했거든요. 매장에 들어와서도 화가 풀리지 않았는데 마침 아가씨가 저한테 말을 걸었고, 저는 그 화를 아가씨한테 풀어버린 거예요. 정말 미안해요."

소피아는 여전히 따뜻한 미소를 띠며 말했다.

"자녀를 교육하는 것은 부모로서 당연한 일입니다. 방법이 중요하다고 생각해요. 자녀와 차분하게 소통하고 가급적 화를 내지 않아야 하죠."

고객은 소피아의 말에 크게 감동하여 말했다.

"훌륭한 서비스를 해주셔서 감사해요. 그만 애꿎은 아가씨한테 화를 냈네요. 그런데도 아가씨는 이렇게 끈기 있게 저에게 좋은 얘기를 해주시는군요."

그 후 이 고객은 쇼핑을 위해 백화점에 들를 때마다 항상 소피아의 매대로 와서 그녀와 가볍게 얘기를 나눴고, 자신의 지인을 여러 명 데려오기도 했다.

이처럼 말 한마디가 다른 사람의 차가운 마음을 녹일 수 있다. 고객을 감동시키는 일에는 비용이 들어가지 않는다. 제품이 잘 팔리지 않거나 손님이 찾아오지 않을 때 초조한 마음에 고객을 감동시키는 무기를 활용하기보다 고객의 생각을 바꾸는 전략을 고민하는 경우가 많다. 만약 당신도 그렇다면 소피아의 노하우를 배울 필요가 있다.

'왕'께서
쇼핑을 즐기도록 하라

심리학자들은 같은 곳에서 동일 제품을 지속해서 구매하는 이유에 대해 쇼핑을 통해 즐거운 느낌을 받고 심리적 만족감을 얻었기 때문이라고 분석한다. IBM의 전 판매 담당 부사장이었던 벅 로저스는 이렇게 말했다.

"사업에서 거래 성사의 비결은 고객의 어려움을 이해하고 고객이 문제 해결 방법을 찾도록 도와줌으로써 그들이 이 거래를 통해 이익과 만족감을 갖도록 만드는 데 있다."

유대인은 이 노하우를 마케팅에서 활발하게 이용한다. 유대인은 고객에게 '제 눈에는 오직 당신밖에 안 보여요'라는 느낌을 심어주려면 고객에게 물건을 팔려고 애쓸 것이 아니라 쇼핑의 즐거움을 심어줘 심리적 욕구를 충족시켜 줘야 한다고 믿는다.

유대인 사업가에게 고객은 왕이다. 고객을 왕처럼 대해야 제품을 구매할 것이고, 그래야 자신이 돈을 벌 수 있기 때문이다.

미국광고업협회의 회원인 세계적인 광고회사 오길비 앤 매더는 고객에 대한 서비스가 첫째, 이윤 추구는 둘째라는 창업 이념을 지금껏 유지해 왔다. 오길비 앤 매더는 고객은 왕이고, 그들의 마음을 배려해야 자신들의 사업에 관심을 갖게 돼 더 큰 시장을 확보할 수 있다고 믿는다. 세계 최대 유통업체인 월마트도 마찬가지다. 1955년만 해도 이름 없는 소규모 상점에 불과했던 월마트가 오늘날처럼 눈부신 성장을 이룰 수 있었던 원동력 역시 고객은 왕이라는 마케팅 전략을 고수해 왔기 때문이다.

창업자 샘 월턴은 월마트를 이끌면서 직원들에게 항상 고객 서비스를 강조했다. 고객이 초일류 서비스를 받고 있다고 느끼게끔 최상의 서비스를 제공할 것을 지시했으며, 이런 경영이념이 뿌리내리게 하려고 다양한 규칙을 정했다. 심지어 직원들에게 고객과의 거리가 3m 이내가 되면 부드럽게 고객의 눈을 바라보고 웃으면서 혹시 도움이 필요한지 인사를 건네라고 지시했다. 월마트는 이처럼 고객은 왕이라는 마케팅 전략을 통해 성공을 거뒀다.

유대인 사업가는, 시장은 언제나 고객이 창출해준 선물이라는 믿음을 갖고 있다. 그래서 어떤 제품이든 고객의 욕구를 충족시켜야 수요를 만족시킬 수 있다고 생각한다. 판매 이전이든 이후든 고객이 제품이나 서비스에 돈을 쓰게 하려면 고객을 왕처럼 모셔야 한다.

워트와 힐은 서로 다른 회사에 다니는 판매원이었다. 판매하는 제품이 비슷한 둘은 자연스럽게 라이벌 관계가 되었고, 같은 고객을 두고 경쟁하는 일도 잦았다. 어느 날 두 사람은 또 같은 고객을 두고 경쟁하게 됐다. 워트가 한발 앞서 이 회사의 구매부 대표를 찾아갔다. 그는 속사포처럼 제품의 장점을 늘어놓으며 자신의 제품을 구매하지 않는 것은 실수라는 식으로 몰아갔다.

그 말을 들은 대표의 얼굴은 굳어졌고, 상대방은 무시한 채 끊임없이 자신의 말만 늘어놓는 워트에게 불쾌했다. 대표는 워트의 말이 끝나기도 전에 핑계를 대며 그를 돌려보냈다.

워트가 나가고 얼마 지나지 않아 힐이 찾아왔다. 대표는 같은 제품을 다시 접한 데다 조금 전의 분노가 채 가시지 않은지라 처음에는 힐을 만나고 싶지 않았다. 하지만 자신의 회사에 꼭 필요한 제품인지라 그가 어떤 식으로 말하는지 들어보기로 했다. 힐은 자사 제품을 소개하는 대신 예의를 먼저 갖췄다.

"귀찮게 해드려 정말 죄송합니다. 바쁜 중에 시간을 내주셔서 깊이 감사드립니다."

그러고는 대표의 사무실 인테리어와 열대어가 들어 있는 어항을 한껏 치켜세웠다(그에게 물고기를 기르는 취미가 있다는 사실을 사전에 조사했다). 그리고 제품에 관해서는 간략하게 설명하는 정도로 그쳤다.

힐은 공손한 태도로 임했지만 대표는 시종일관 냉담한 표정을 유지했다. 힐은 속으로 이번 영업은 실패라 생각하고는 자리를 뜨려고 마음먹었다. 실망감이 들었지만 더없이 공손하게 말했다.

"만나주셔서 감사합니다. 귀사에 우리 제품이 필요한 것은 알고 있지만 안타깝게도 제가 부족하여 대표님을 설득하지 못했습니다. 이만 물러갈까 합니다. 그 전에 한 가지 부탁이 있습니다. 저의 어떤 점이 부족한지 알려주실 수 있겠습니까? 그럼 고치도록 하겠습니다."

대표는 껄껄 웃으며 말했다.

"잠시 멈춰요. 아직 당신의 제품에 대해 다 파악하지 못했습니다. 다시한번 설명해주십시오."

힐은 뛸 듯이 기뻐하며 진지한 태도로 설명을 시작했다. 그리고 이 구매부 대표는 힐과 거액의 계약을 체결했다.

왜 똑같은 제품과 똑같은 고객, 똑같은 환경에서 한 사람은 고객에게 거절당했고 다른 사람은 계약을 성사시켰을까? 고객을 대하는 태도가 달랐기 때문이다. 월트는 제품을 소개하느라 말을 늘어놓는 데만 신경 썼지 고객에 대한 존중과 감사는 표하지 않았다. 이는 결국 반감을 자초하고 말았다. 반면 힐은 고객은 왕이라는 공손한 태도로 고객이 존중받고 있다는 느낌을 심어줌으로써 거래를 성사시킬 수 있었다.

고객은 왕이라는 말은 단순한 슬로건이 아니다. 빈틈없는 서비스를 제공하여 고객이 정말 왕이 됐다는 느낌을 심어주는 것이다. 판매자만 고객이 왕이라고 생각해서는 안 된다. 고객 스스로도 자신이 왕이라 생각하고 그에 합당한 서비스를 받고 싶어 한다는 사실을 잊지 말기 바란다.

지나친 열정과 호의는
독이다

많은 사업가가 왜 자기만 고객에게 냉대를 당하느냐며 한탄한다. 만면에 웃음을 띠고 열정적으로 고객을 만나지만 반응이 냉담한 경우가 많다는 것이다. 사실 이는 당신의 문제다.

열정만 있으면 고객을 확보할 수 있다고 생각하는 사업가나 세일즈맨이 생각보다 많다. 하지만 결과는 신통치 않다. 물건을 사러 대형 쇼핑몰에 갔다고 가정해보자. 한 판매원은 당신이 다가오는 모습을 보자마자 달려와 머리를 숙이며 살갑게 군다. 입만 열면 고객님을 연발하면서 입에 발린 말을 쏟아낸다. 또 다른 판매원은 진심에서 우러나오는 미소를 지으며 "어서 오세요. 찾아주셔서 감사합니다. 찾으시는 물건이 있으세요?"라고 묻는다. 그러고는 고객이 요구 사항을 말할 때까지 기다린다.

태도 면에서는 첫 번째 판매원이 열정적이다. 두 번째 판매원은 지나치게 열정적이지도 않지만 그렇다고 냉담하지도 않다. 하지만 전문성에서는 두 번째 판매원이 더 낫다.

이런 현상을 중심으로 고객이 서로 다른 유형의 판매원을 만났을 때 어떤 심리 상태와 행동을 보이는지 분석했다. 첫 번째 판매원에 대해 80%의 고객은 '언제 봤다고 살갑게 굴어? 가식적이잖아'라고 생각하거나 눈도 마주치지 않은 채 휙 지나쳤다. 조금 예의 바른 사람은 "아니, 괜찮아요. 감사합니다" 정도로 대응하고 대충 둘러본 뒤 자리를 떴다.

하지만 두 번째 판매원에 대해서는 크게 반감을 드러내지 않았으며, 심리적으로도 편안함과 자유로움을 느끼는 듯 보였다. 조용한 환경에서 전문적인 서비스를 받는 즐거움까지 누리니 마음의 문을 여는 가능성도 훨씬 높았다.

현명한 유대인은 지나치게 적극적인 태도가 결코 좋은 방법이 아니라는 사실을 잘 안다. 어떻게 보면 정상적인 소비 심리다. 소비자 입장에서는 판매원이 지나치게 잘 보이려 하거나 적극적으로 다가오면 오히려 반감이 들어 방어막을 치며 경계한다. 자신의 생명과 재산을 지키기 위한 일종의 보호 본능으로, 모든 사람의 공통 심리다.

또 다른 측면에서 살펴보자. 평범한 고객 입장에서는 두 명의 판매원과 만났을 때 보통 첫 번째 판매원의 제품은 저렴하고 두 번째 판매원의 제품은 고급 상품이라고 인식하는 경향이 있다. 이는 많은 사람에게서 공통으로 발견되는 현상이다.

유대인은 품질이 우수한 제품은 별다른 서비스와 포장이 필요 없다고 생각한다. '향기로운 술은 깊은 골목도 두렵지 않다'는 중국 속담처럼 말이다. 사람들은 귀보다 눈을 더 신뢰하며, 특히 제품을 직접 볼 수 있는 상황에서는 당연히 직접 보고 손으로 만지고 싶어 한다. 이런 상황에서 지나친 열정과 호의는 도움은커녕 방해만 될 뿐이다.

사람들은 눈앞에 있는 판매원이 프로인지 아마추어인지 판단하기 위해 그들이 보여주는 태도를 가장 먼저 활용한다. 고객 입장에서 지나친 열정과 호의는 부담이다. 그보다는 프로로서의 긍지와 자부심이 느껴질 때 고객은 마음을 연다.

고객은 물건을 사고 싶다는 내재적인 욕구가 생겨야 소비를 선택한다. 그래서 모르는 문제가 생기면 모르겠다는 표정을 짓거나 질문을 한다. 진정한 프로는 고객에게 상세하고 전문적인 해답을 주고, 이는 과도한 친절과 호의보다 좋은 결과를 가져다줄 가능성이 크다. 이것이 태도와 방법의 차이점이다. 무엇을 판매하든 열정은 필요하지만 지나치면 독이 된다. 전문적인 방법과 태도가 고객의 마음을 사로잡는 가장 큰 힘이다.

한 사람 뒤에는
250명의 잠재 고객이 있다

1=250? 수학적으로는 말이 안 되지만 마케팅에서는 가능하다. 판매왕 조 지라드도 이 공식을 잘 알고 있었다.

"고객이 당신을 신뢰해서 추천 제품을 산 뒤 당신이 제공한 훌륭한 서비스를 제공받으면 고객은 당신을 좋아하게 되고, 어디를 가든 당신의 제품과 서비스를 홍보할 것이므로 좋은 입소문이 퍼지게 된다. 따라서 고객 한 사람을 한 명이 아닌 250명으로 여겨야 한다. 고객 한 명을 만족시킨다는 것은 앞으로 새로운 고객 250명을 데려올 수 있다는 의미다. 반대로 고객 한 명을 화나게 한다면 잠재 고객 250명을 달아나게 하는 것이다."

조 지라드는 세일즈맨으로서 평생 1=250의 법칙을 명심하면서 감정을 억제하고, 호불호나 기분에 휘둘려 고객을 함부로 대하는 일을 범하지 않으려고 애썼다. 조 지라드가 이 법칙을 만들어낸 것은 그가 세일즈를 시작한 지 얼마 안 되었을 때 겪은 경험에서 비롯됐다.

───────── 지라드는 서른다섯의 나이에 더 이상 추락할 수 없는 바닥에 이르러 어쩔 수 없이 자동차 판매 일을 시작했다. 처음에는 전화를 걸어 새로운 고객을 찾기 위해 노력했지만 뚜렷한 목표가 없는 방식은 효율이 낮았다. 좀 더 효과적인 고객 유치 방법이 필요했다.

어느 날 지라드는 한 장례업체 대표를 만났고, 운이 좋았는지 순조롭게 자동차 한 대를 팔았다. 거래에 성공한 지라드는 고객에게 장례식에 평균적으로 몇 명의 조문객이 오는지를 물었다.

"약 250명입니다."

순간 지라드의 머릿속에 한 가지 아이디어가 스쳐 지나갔다.

'여기에 아주 유용한 법칙이 숨어 있었구나. 왜 이 법칙을 사업에 응용할 생각을 못했지?'

그가 발견한 법칙은 '대부분의 사람은 자신의 장례식에 와 줄 중요한 지인을 평생 250명 정도 알고 지낸다'였다.

평범하고 간단해 보이지만 이 법칙은 매우 유용했다. 새로운 고객을 끌어올 수 있도록 도와준 이 방법 덕분에 지라드의 판매 실적은 눈에 띄게 좋아졌다. 불과 일 년 만에 그는 회사 전체 실적의 3분에 1에 달하는 150명의 고객을 확보하는 데 성공했다. 그가 불과 1,000달러의 비용을 들여 확보한 프리미엄은 무려 7만 5,000달러였다.

나에게 다가온 모든 고객은 주변에 250명의 잠재 고객을 두고 있다. 명석한 영업자라면 새로운 고객을 발굴하려고 노력하는 동시에 고객 만족도를 영구적인 충성도로 바꾸기 위해 애쓸 것이다. 바꿔 말해 고객 한 명을 당신의 골수 고객으로 만든다면 잠재 고객 250명을 확보할 수 있다는 뜻이다. 같은 이치로 250명의 잠재 고객 가운데 실제로 거래하게 된 고객이 또다시 각각 250명의 새로운 잠재 고객을 당신에게 선물할 수도 있다. 이 법칙이 전하는 메시지는 명확하다.

'어떤 작은 일도 소홀히 하지 마라. 어떤 고객에게도 미움을 사지 마라.'

지라드뿐 아니라 수많은 판매왕들이 그와 같은 생각을 갖고 있다. 일본에서 세일즈의 신으로 불리는 하라이치 헤이도 마찬가지다.

─────────── 보험 외판원으로 일할 당시 하라이치 헤이는 중요한 고객이든 그렇지 않은 고객이든 늘 똑같이 대했다. 그리고 모든 고객을 적어도 일 년에 한 번은 방문했다.

어느 날 같은 고향 출신인 한 지질학과 학생이 그를 통해 1만 엔짜리 생명보험에 가입했고, 하라이치 헤이는 그와 종신 서비스 계약을 체결했다. 그는 근무지를 어디로 옮겨가든 그 고객이 더 이상 자신의 보험에 가입하지 않아도 매년 한 번 이상 그에게 연락해 안부를 물었다. 하라이치 헤이의 이런 모습에 고객은 큰 감동을 받았고, 그를 머릿속에 기억해두었다.

학생은 졸업 후 지질 관련 업계에서 일하게 됐고, 또다시 하라이치 헤이에게 보험을 들었다. 훗날 그는 한 칵테일파티에 참석하게 됐다. 그런데

파티에서 한 사람이 갑자기 바닥에 쓰러지더니 경련을 일으켰다. 인명 구조 상식을 조금 알고 있던 그는 재빨리 조치를 취했고, 쓰러진 사람은 다행히 목숨을 구했다. 놀랍게도 쓰러졌던 사람은 억만장자였다.

부자는 생명의 은인을 자신의 회사로 초청했다. 부자는 몇 년 뒤 은행 대출을 받아 부동산에 투자할 계획을 갖고 있었고, 자신의 목숨을 구해준 그에게 믿을 만한 보험사를 소개해달라고 요청했다. 그는 즉시 하라이치 헤이를 떠올렸고, 부자에게 소개했다. 부자는 하라이치 헤이에게 2,000만 엔에 달하는 보험에 가입했는데, 이는 하라이치 헤이가 체결한 가장 큰 액수의 거래였다.

조 지라드나 하라이치 헤이의 사례에서 알 수 있듯이 고객의 현재 위치나 재산, 직위에 상관없이 어떤 고객에게도 미움을 사서는 안 된다. 모든 고객의 뒤에는 250명에 달하는 잠재 고객이 있고, 이들 중 상당수는 또 다른 고객군이 될 수 있기 때문이다.

가장 좋은 고객은
누구인가

고객이 들어오면 팔고, 고객이 나가면 다음 고객으로 발길을 옮기면 된다고 생각하는 판매원이 종종 있다. 안타깝게도 이는 매우 아마추어적인 발상이다.

유대인은 단골 고객이 가장 좋은 고객이며, 단골 한 명이 신규 고객보다 20~85%의 매출을 더 가져다준다는 사실을 경험을 통해 일찌감치 깨달았다. 게다가 단골 고객 한 명을 만족시키고 그를 붙잡는 데 드는 비용은 신규 고객을 유치하는 데 드는 비용의 6분의 1밖에 되지 않는다. 굳이 계산기를 두드려보지 않아도 어느 쪽이 더 이익인지 알 수 있을 것이다.

단골 고객은 이미 당신과 튼튼한 신뢰 관계를 유지하고 있는 데다 신규 고객보다 훨씬 더 당신을 신뢰한다. 그들 입장에서 당신은 신뢰할 만한 사람이다. 또한 과거에 당신이 추천하고 그 물건을 구매하는 과정이 유쾌한 기억으로 남아 있어서 앞으로도 당신이 추천한 제품을 구매하고 그 제품에 만족할 가능성이 크다. 그렇다면 단골 고객을 확보하고, 그들이 떠나가지 않게 하려면 어떻게 해야 할까?

• 관계를 유지하고 고객을 절대 잊지 마라

유대인 사업가들 사이에는 이런 말이 있다.

"당신이 고객을 잊으면 고객도 당신을 잊는다. 계약이 성사된 후에도 계속해서 관심을 쏟고 고객이 그 제품에 얼마만큼 만족하고 있는지 파악해야 하며, 그들의 의견을 겸허히 받아들여라. 그래야 고객을 잃지 않는다."

사업은 사람과 사람간의 에누리 없는 교류이며, 애틋함이나 그리움이 넘치는 문학과는 거리가 먼 일이다. 이런 식으로 사업한다면 돈과 고객은 당신 곁을 떠날 것이다.

사업가라면 항상 단골 고객과 연락을 지속해야 한다. 어떤 고객과 최초로 거래가 이루어졌다면 다음날 반드시 그에게 짧은 감사 편지를 보내야 한다. 고객의 특별한 날을 놓치지 않는 것도 중요하다. 생일이나 기념일에 축하 카드를 받는 순간 당신에 대한 고객의 신뢰는 확 높아질 것이다. 앞에서 말한 조 지라드는 1만 3,000명에 달하는 고객 모두에게 크기와 격식, 색깔이 서로 다른 편지를 매달 보내 관계를 유지했다. 무척 힘든 일이었지만 이런 노력은 충분한 가치가 있었다.

- 단 한명의 고객도 얼굴을 찌푸린 채 떠나지 않게 하라

고객 중에는 흠 잡기를 좋아하는 사람이 생각보다 많다. 이런 고객을 쫓아내거나 죽기 살기로 싸우는 것은 현명한 방법이 아니다. 유대인은 세상 어디에든 치열한 경쟁이 존재하고, 자기 집 앞뜰을 잘 지키지 못하면 언제든 경쟁자에게 단골 고객을 빼앗길 수 있다는 사실을 잘 알고 있다. 계약이 성사됐다고 해서 나 몰라라 해서는 안 된다. 상대방을 항상 영구적인 고객으로 대해야 한다.

- 진정성은 영원하다

만약 당신이 고객에게 우수한 서비스를 제공했다면 그 고객과 당신 사이에는 매우 우호적인 분위기가 형성된다. 이는 순조로운 세일즈를 위해 반드시 필요한 일이다. 유대인은 언제 어디서나 '서비스 제일주의, 진정성이 생명'이라는 교훈을 되새기며 단골 고객이 안심하고 자신을 따르게 한다.

──────────── 레잇소라는 청년은 한 신탁회사에서 세일즈 업무를 담당하고 있었다. 그의 동료들은 판매 목표를 달성하기 위해 밤낮없이 전화를 걸어 새로운 고객을 찾기 위해 애썼다. 하지만 레잇소는 달랐다. 그는 자리에 앉아 차분히 자료를 정리하면서 관련 정보를 업데이트했다. 다른 사람들은 실적 압박 때문에 숨 쉴 틈조차 없었지만 레잇소는 여유가 넘쳤다.

그런 레잇소 옆에 데이먼이라는 동료가 있었다. 둘은 농담을 주고받을

만큼 친한 사이였다. 데이먼은 실적 압박 때문에 스트레스를 받을 때면 레잇소와 수다를 떨곤 했다. 데이먼은 전화를 하지 않는데도 레잇소를 찾아오는 고객들의 모습을 보면서 레잇소는 실적 걱정은 없겠다고 생각했다. 어느 날 데이먼이 레잇소에게 농담을 던졌다.

"자넨 정말 운도 좋아. 다른 사람들은 바빠서 숨도 못 쉬는데 자넨 이렇게 느긋하니 말이야. 고객들에게 정말 감사해야 해."

그 말에 레잇소가 입을 열었다.

"흠, 자네는 내가 운이 좋아서 고객을 모았다고 생각하는군. 사실은 말이야, 자네들이 쉬고 있을 때가 바로 내가 가장 바쁘게 일하는 시간이라고."

사실 다른 동료들이 가족이나 친구들과 즐거운 시간을 보내는 주말에 레잇소는 고객을 모시고 골동품 시장에 가서 골동품 고르는 일을 돕거나 안경점에 가서 새로운 안경을 골라주는 등 고객과 함께했다. 레잇소가 사적으로 많은 노력을 기울이고 있다는 사실을 데이먼은 물론 동료들은 전혀 몰랐다. 이런 보이지 않는 노력이 운 좋은 레잇소를 만들었던 것이다.

세일즈는 고객과 정서적인 교감을 나누는 과정이다. 교감은 사적인 소통과 교류 속에서 서서히 구축된다. 레잇소가 편안히 자리에 앉아서도 고객을 확보할 수 있었던 것은 평소 고객과 자주 연락하고, 세심한 서비스로 고객에게 정성을 쏟았기 때문이다.

고객 중에는 종종 특정 분야에 문외한이어서 타인의 도움을 필요로

하는 경우가 있는데, 이는 대개 업무 외적인 일이다. 판매 실적이 좋은 사업가가 되고 싶다면 이런 기회를 놓치지 말아야 한다. 당신의 작은 관심과 배려로 고민이 해결된 순간 고객은 마음속으로 당신에게 좋은 감정을 갖게 되고, 당신에게 빚을 진 그는 자연스럽게 더 많은 물건을 구매할 것이다.

왕이 아닌
고객은 없다

　'이 고객, 무슨 문제가 있는 게 아닐까? 왜 멍청한 질문만 하지?', '왜 상품 설명서만 붙들고 있지? 몇 번을 설명해도 못 알아듣네?', '이 사람은 살 생각이 없군. 괜히 힘 뺄 필요 없어.'

　세일즈를 하다 보면 이런 생각이 하루에도 몇 번씩 들 것이다. 그렇다면 당신은 세 가지 착각을 하고 있다. 상식적인 문제에 대해서는 굳이 설명할 필요가 없다는 착각, 사소한 문제에 시간을 낭비할 필요가 없다는 착각, 지금 당장 물건을 구매할 의향이 없는 고객에게는 서비스를 제공할 필요가 없다는 착각.

　만약 당신이 사업을 시작한 지 얼마 안 되었다면 이런 착각을 할 수 있다. 하지만 제대로 된 사업가로 성장하고 싶다면 이런 착각을 하루

빨리 바로잡아야 한다. 판매 과정에서 잘못된 고객은 결코 없다. 잘못
된 소통만 있을 뿐.

──────────── 안드레아는 진공청소기 회사에서 판매자로 일하
고 있었다. 한번은 제품 소개를 듣고 난 고객이 물었다.

"이걸로 소파의 먼지를 빨아들일 수 있나요?"

안드레아는 자신있게 대답했다.

"물론입니다. 소파의 먼지뿐 아니라 카펫과 타일에 묻은 각종 먼지도
제거할 수 있습니다."

고객이 또 물었다.

"가죽 소파도 가능한가요?"

이번에도 역시나 자신 있게 대답했다.

"예, 가능합니다. 소파면 뭐든지 다 됩니다."

고객이 또 물었다.

"그러다 가죽 소파에 흠집이라도 나면 어쩌죠?"

안드레아는 슬슬 짜증이 나기 시작했다.

"그럴 리가요. 저희 제품에는 보호 장비가 달려 있어서 어떤 물건도 망
가뜨리지 않습니다."

고객은 여전히 의문이 가시지 않은 듯 물었다.

"혹시라도 소파가 망가지면 어쩌죠? 흡입력이 아주 센 것 같은데요."

이쯤 되자 안드레아는 화가 났다.

"고객님, 제가 몇 번이나 말씀드렸잖아요. 문제없다고요. 그러니 제발

안심하세요."

하지만 고객은 아직도 의심을 거두지 않은 채 또다시 물었고, 안드레아는 마침내 이성을 잃고 말았다.

"제발요, 더 이상 이런 한심한 질문은 그만하세요. 이미 다 설명해드렸잖아요. 사고 싶으면 사시고, 사기 싫으면 그만두세요. 안 사실 거면 저를 그만 괴롭히시고요."

이 말을 마치는 순간 안드레아는 속이 후련해지는 것을 느꼈다. 하지만 공교롭게도 이 광경을 사장이 지켜보고 있었다. 사장은 냉정하게 말했다.

"자네, 말이 너무 심하군. 내일부터 출근할 필요 없네."

유대인은 고객과 계약을 체결하는 모든 과정을 심리적 소통이라고 믿는다. 잠재적 신규 고객에게 신제품을 판매하든, 단골 고객에게 파생 상품을 소개하든 마찬가지다. 거래를 성사시키기 위해서는 고객과 효과적으로 소통해야 하고, 제품은 물론 자신을 고객에게 팔 수 있어야 한다. 만약 잠재 고객이 당신에게 선입견을 가진다면 그는 당신과 효과적인 공감대를 형성하지 못하고, 당신은 결국 고객을 놓칠 것이다.

고객과 소통하기 위해서는 먼저 목표를 설정해야 한다. 이는 고객과 공동 합의를 도출함으로써 고객의 흥미를 유발하고, 나아가 제품 구매나 고객의 지속적인 관심을 유도하기 위함이다. 이 과정에서 당신과 고객 사이에 이루어지는 소통에는 제품 정보뿐 아니라 순도 높은 감정과 생각의 교류도 포함된다. 그리고 이를 위해서는 순차적인 소통이 이루어져야 한다. 한 유대인 세일즈왕은 이렇게 말한다.

"만약 마케팅을 잘하고 싶다면 고객을 한창 달아올랐을 때의 연인으로 여기고 챙겨야 한다. 언제 어디서나 그들의 감정을 고려해야 한다. 만약 고객에게 어떤 식으로든 의문을 표시한다면 그 고객은 심리적으로 반감이 들 것이다. 특히 고객의 이해력이나 소통 능력을 꼬투리 잡는다면 고객은 자존심에 상처를 입고 최소한의 존중도 받지 못한다고 생각해 구매를 포기한다."

이는 심리학적으로도 입증돼 있다. 심리학적으로 약간의 금전적 손해는 호수에 잔잔한 물결이 이는 정도에 불과하지만 자존심에 입은 상처는 거대한 폭풍우를 만난 것과 같아서 쉽게 회복되지 않는다. 당신이 무심결에 내뱉은 말이 고객에게는 의도적인 공격으로 여겨질 수 있다. 이런 문제를 해결하는 유대인만의 노하우가 있다.

첫째, 좋은 마음의 자세를 가져라. 도발성 의혹을 제기하거나 적의에 가득 찬 모습을 보이는 고객이 있다 해도 인내심을 갖고 고객의 질문에 성심성의껏 상세하게 답해야 한다.

둘째, 소통의 기교를 발휘하라. 의혹을 제기하는 말투는 탐색을 위한 말투로 바꾸고, 적대적인 말투에는 친화적으로 대응하여 고객과의 심리적 교류를 확대한다. 예를 들면 "제가 무엇을 도와드릴까요?" 등의 표현이 좋다. 이런 식으로 고객이 편안하고 따뜻한 느낌을 받는다면 소통의 목적은 이미 달성한 것이나 마찬가지다. 고객은 연인이며, 고객과 계약을 체결하는 모든 과정은 심리적 소통이라는 사실을 잊지 마라.

유대인 생각공부

시장은 고객이 준 선물이다.

어떤 제품이든 고객의 욕구를 충족시켜야 한다.

돈을 쓰게 하려면 고객을 왕처럼 모셔라.

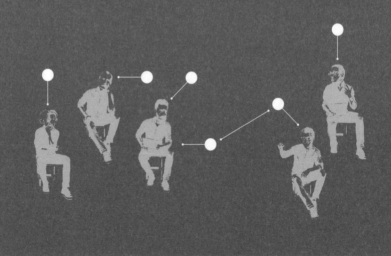

6장

경영과 생각공부

부의 축적보다 중요한 것은 관리다

장기적인 안목에서
부를 바라보라

중국에는 '돈을 굴리지 않으면 돈도 당신을 신경 쓰지 않는다'라는 말이 있다. 경영자든 직장인이든 자산 가치를 불리고 싶다면 재테크를 배워야 한다.

유대인은 돈을 버는 것만큼이나 재테크가 중요하다고 생각한다. 아니, 그보다 더 중요하다고 생각한다. 하지만 돈을 얼마나 벌었든 과학적이고 합리적인 관리법을 갖고 있지 않으면 어렵게 모은 재산을 한순간에 날려버릴 수 있다.

과학적이고 합리적인 자산 관리법은 당신이 더 많은 부를 축적할 수 있게 도와줄 뿐 아니라 안정된 미래를 보장한다. 그래서 유대인들은 재산을 과학적으로 관리하고 가치를 증가시키기 위해 노력하며, 결코 무절제하게 소비하지 않는다.

　『성경』에 '마태 효과'에 관한 이야기가 나온다. 1986년 미국 컬럼비아대학의 사회학자 로버트 머튼이 마태복음 13장 12절의 구절을 빌려 만든 용어로, 부자는 더 부자가 되고 가난한 사람은 더 가난해지는 것을 의미한다.

──────── 옛날에 마태라는 한 부자가 먼 길을 떠나게 되었다. 집을 나서기 전 그는 하인에게 자신의 재산을 관리해줄 것을 요청했다. 하지만 전 재산을 한 사람에게만 맡기는 것은 위험 부담이 크므로 세 명에게 나누어 공동 관리하게 했다. 이렇게 하면 서로 감독하고 경쟁하면서 더 많은 부를 창출할 수 있을 것이라 판단했다. 마태는 평소 가장 신임하던 세 명의 하인을 불러 일인당 금화 1,000닢씩을 주면서 말했다.

"잘 관리해야 한다. 일 년 뒤 돌아와 너희들이 이 돈을 어떻게 관리했는지 볼 것이다."

세 명의 하인은 모두 주인의 재산을 잘 관리하겠다고 맹세했다.

첫 번째 하인은 투자를 해야겠다고 생각했다. 그는 어떤 사업을 하든 위험을 피할 수는 없으니 위험을 최소화할 목적으로 돈을 여러 개의 업종에 분산했다. 금화 1,000닢을 셋으로 나눠 호텔과 잡화점을 열고 나머지 돈으로는 고리대금업을 시작했다.

두 번째 하인도 주인에게 받은 돈을 투자하기로 했다. 호텔과 잡화점은 신경 쓸 일이 많은 데다 이윤을 회수하는 데 시간이 오래 걸리고, 고리대금업은 빠르게 이윤을 얻을 수 있지만 위험성이 높다고 생각했다. 심사숙고 끝에 그는 섬유 공장을 열기로 했다. 의식주에서 옷은 반드시 필요한 만큼 의류업의 전망을 밝게 예상한 것이다. 그는 금화를 모두 섬유 공장에 쏟아 부었다. 첫 번째 하인과 두 번째 하인은 리스크와 수익성을 먼저 따져본 뒤 비교 분석하여 수익의 극대화와 리스크의 최소화를 추구했다.

세 번째 하인은 두 사람의 방법이 부적절하다고 생각했다. 어떤 사업을 하든 위험은 피할 수 없으며, 만에 하나라도 손해를 입으면 주인을 볼 면목이 없다고 생각했다. 결국 안전한 장소를 골라 주인에게 받은 돈을 숨긴 뒤 매일 돈이 안전하게 보관되어 있는지 확인했다.

순식간에 일 년이 흘렀고, 여행에서 돌아온 마태는 하인들을 불러 재산을 어떻게 관리했는지 확인했다.

첫 번째 하인은 위험을 무릅쓰고 다양한 방식으로 사업을 경영하여 일 년 만에 주인에게 받은 돈을 몇 배로 불렸다. 두 번째 하인은 안전한 경영 전략으로 첫 번째 하인만큼은 아니지만 그래도 주인에게 받은 돈을 두 배 이상으로 불리는 데 성공했다. 하지만 세 번째 하인은 아무런 재산 증식도 없었고, 심지어 자신의 잘못이 무엇인지도 몰랐다.

"저는 주인님의 말씀에 가장 충실했습니다. 투자에 따른 리스크를 피하려고 제게 주신 돈을 아주 안전한 곳에 보관했습니다. 주인님께 받은 돈을 그대로 돌려드리겠습니다."

세 번째 하인의 대답을 들은 마태는 매우 화가 나서 소리쳤다.

"수중에 그렇게 많은 돈을 쥐고 있으면서 재산을 어떻게 관리하는지도 몰랐단 말이냐? 돈이 네 손 안에 있는 것 자체가 낭비다."

그는 첫 번째, 두 번째 하인에게 그들이 번 돈을 상으로 주었다. 그리고 세 번째 하인에게 준 금화를 빼앗아 첫 번째 하인에게 상으로 주었다.

똑같은 금화 1,000닢을 갖고 있었지만 두 하인은 돈을 불리는 법을 알고 있었고, 세 번째 하인은 손해를 볼까 두려워 돈을 잠재웠다. 손해를 보지는 않았지만 재산을 전혀 증식시키지 못한 것이다. 그가 부자가 될 가능성은 없다.

숫자에 밝지 못해 재테크를 할 수 없다고 말하는 사람이 있는데, 이는 핑계에 불과하다. 사실 당신은 게을러서 재테크를 못할 뿐이다. 숫자에 밝지 못한 것과 재테크와는 크게 상관이 없다. 공포와 도피 심리를 벗어 던지면 당신에게 적합한 재테크 방법을 찾을 수 있다.

재테크는 다양한 라이프스타일 가운데 하나이자 다양한 가치관 중 하나다. 유대인이 막대한 부를 창출할 수 있었던 원동력 또한 재산 관리에 대한 그들의 가치관 때문이다.

유대인의 재테크관 가운데 한 가지 더 배울 점이 있는데, 바로 취사선택을 잘한다는 점이다. 그들은 푼돈에 집착하거나 쥐꼬리만 한 이익에 급급해서는 큰돈을 벌 수 없다고 생각한다. 더 많은 돈을 벌고 싶다면 취사선택을 잘해야 하며, 작은 이익을 버려야 더 큰 부를 얻을 수 있다.

──────── 칼이라는 젊은이는 옆집에 사는 부자가 매우 부러웠다. 어느 날 그는 옆집 주인을 찾아가 부자가 되는 비결을 물었다. 칼

의 질문에 부자는 아무 말도 하지 않은 채 탁자 위에 놓인 수박을 크고 작은 세 조각으로 잘랐다.

"여기에 수박 세 조각이 있네. 각각 서로 다른 이익을 나타내지. 자네라면 어느 조각을 고르겠는가?"

칼은 유심히 살펴본 뒤 제일 큰 조각을 가리키며 말했다.

"당연히 제일 큰 수박입니다."

부자가 웃으며 말했다.

"좋아, 그럼 제일 큰 수박을 먹게."

그러면서 칼에게는 제일 큰 조각을 주고 자신은 제일 작은 조각을 집어들었다. 칼이 제일 큰 수박을 먹고 있을 때 부자는 제일 작은 조각을 다 먹고 나서 나머지 한 조각을 집어든 뒤 그의 눈앞에서 왔다 갔다 하며 느긋하게 맛을 음미했다. 그제야 칼은 부자의 의도를 알아차렸다. 자신은 제일 큰 조각 하나를 집어들었지만 부자는 나머지 두 개를 얻었으므로 결과적으로 부자가 더 수익이 좋았던 것이다.

재테크의 관점에서 이 이야기가 시사하는 바는 크다. 근시안적인 시각으로는 결코 부자가 될 수 없다. 유대인은 재테크에는 부자와 가난한 사람의 구분이 없으며, 가난한 사람도 재테크 마인드를 가질 수 있다고 생각한다. 재테크는 일찍 시작할수록 좋으며, 미리미리 준비해야 미래에 대한 대비도 빠르게 할 수 있다.

체면 때문에
바보가 되지 마라

　　유대인은 돈도 많고 돈을 잘 벌 줄도 알지만 함부로 쓰지는 않는다. 옷이나 화장 등 외모를 치장하는 데도 크게 신경 쓰지 않는다. 그래서 잘 모르는 사람들은 그들이 막대한 부를 거머쥔 부자란 사실을 꿈에도 상상하지 못한다. 또한 유대인은 저축을 유행으로 여긴다. 저축한 돈이 요긴하게 쓰일 수 있고, 이로 인해 예상치 못한 기회가 생길 수 있음을 알기 때문이다.

　　돈이 많지 않은데도 먹고 입고 쓰는 데 치중하는 사람들이 종종 있다. 이들은 자신을 무시하는 듯한 다른 사람들의 시선이 두려워 허세를 부린다. 하지만 유대인에게 이런 행동방식이나 사고방식은 통하지 않는다.

─────────────── 수천억 달러의 자산을 가진 한 미국인 석유회사 사장이 있었다. 그는 몇 대가 놀고먹어도 다 쓸 수 없을 만큼 재산이 많아 마음만 먹으면 인생을 편히 즐길 수 있었다. 하지만 그의 삶은 매우 소박했다. 단 한 푼도 낭비하는 일이 없었다.

그는 개를 아주 좋아해서 집에서도 여러 마리의 많은 개를 길렀고, 출장지에서도 현지의 값비싼 개를 찾아다녔다. 그의 이런 취미가 주변 사람들에게 알려지면서 그는 출장을 갈 때마다 현지의 유명 개 전시회에 초대되거나 우수한 개를 소개받았다.

캘리포니아 주에서 열린 비즈니스 회의에 참가했을 때의 일이다. 당시 캘리포니아에서는 명품견 전시회가 열리고 있었다. 그는 회의가 끝나자마자 서둘러 전시회장을 찾았다. 그곳에는 수많은 사람이 모여 있었다. 그런데 오후가 되면 관람객이 줄어들자 주최 측에서는 더 많은 사람을 모으기 위해 오후 5시 이후 입장하는 사람에 한해서는 입장료를 50% 할인해주는 이벤트를 열고 있었다.

그가 전시회장에 도착한 시각은 4시 20분. 혜택을 받으려면 40분을 기다려야 했다. 수행원이 서둘러 입장권을 사려고 하자 그가 제지하며 말했다.

"40분만 있으면 5시네. 절반이나 할인된 가격에 표를 살 수 있으니 5시까지 기다렸다가 사도록 하세."

수행원은 이 말을 듣고 의아해하며 물었다.

"회장님은 겨우 이 정도 작은 돈에 구애받을 분이 아닙니다. 시간을 낭비하면서까지 군이 이렇게 기다리시려고 하는 이유가 무엇인지요?"

그가 웃으면서 수행원에게 말했다.

"5시가 지나도 전시회 내용은 똑같다네. 40분 늦게 들어간다고 해서 손해 볼 일은 전혀 없지. 게다가 입장료를 절반만 내면 되는데 왜 돈을 낭비하려고 하나?"

다시 수행원이 말했다.

"하지만 회장님께서는 이렇게 작은 돈에 신경 쓸 필요가 없는……."

이 말에 그가 정색하며 대답했다.

"자네 생각이 틀렸네. 절약은 누구나 해야 하는 것이네. 불필요한 데 돈을 써서는 안 되지. 유대인은 항상 근검절약해야 큰일을 할 수 있다고 말하지 않는가. 절약하는 습관을 들여야 하네."

수행원은 여전히 난처해하며 다시 질문했다.

"하지만 여기서 이렇게 기다리는 것은 시간 낭비 같습니다."

그가 주위를 둘러보며 말했다.

"지금 우리에겐 급한 일이 없지 않나. 저길 보게. 주위 풍경을 구경하면 좋지 않나."

요즘 사람들은 '돈은 절약하는 게 아니라 버는 것'이라고 생각한다. 하지만 이런 생각을 가진 사람들은 절약의 중요성과 필요성을 모른다. 근검절약하는 습관 없이 더 많은 돈을 벌기는 어렵다. 이것이 보통 사람과 유대인의 생각 차이다. 유대인은 근검절약하는 습관을 들여야만 부를 축적하는 진정한 즐거움을 느낄 수 있다고 믿는다.

뛰어난 솜씨를 가진 세공인이 있었다. 그가 만든 제품은 튼튼하고 내구성이 뛰어난 데다 무척 정교해서 고객들에게 인기가 많았다. 덕분에 그는 많은 돈을 벌었지만 어찌된 일인지 그의 생활은 넉넉지 않았다. 흥청망청 쓰면서 겉치레에 신경 썼기 때문이다.

세공인의 사촌 형은 큰 부자였다. 예전에는 무척 가난했지만 언젠가부터 계속 부유하게 살고 있었다.

어느 날 세공인은 사촌 형이 부자가 된 비결이 궁금해 집으로 찾아갔다. 사촌 형은 집에서 아주 낡은 옷 한 벌을 깁고 있었다. 이 모습을 본 세공인이 이해가 안 된다는 듯 물었다.

"형님은 이렇게 부자인데 왜 새 옷을 한 벌도 안 사 입는 거죠? 남들 눈도 있잖아요."

그 말에 사촌 형이 대답했다.

"그 체면이란 게 얼마짜리냐? 난 체면치레하는 데 돈 쓸 생각 없다. 좀 더 적합한 곳에 쓸 생각이다."

그 말을 듣는 순간 세공인은 사촌 형이 부자가 된 이유를 알 수 있었다.

동서고금을 막론하고 근검절약은 미풍양속이자 돈을 버는 지름길이다. 겉치레에 신경 쓰고 돈을 함부로 쓰면 허영심만 커져서 나중에는 꼭 써야 할 곳에 쓸 돈이 부족해진다. 세공인처럼 되고 싶지 않다면 근검절약을 생활화해야 한다. 다음 사례를 통해 근검절약을 실천할 수 있는 지혜를 배우자.

──────────────── 록히드와 아세프는 매우 가까운 친구였다. 그들은 자주 사업이나 일상생활에 관한 일을 화제에 올렸다. 부동산 업체를 운영하는 록히드는 장사가 잘되어 현지에서는 꽤 이름난 부자로 통했다. 하지만 록히드는 일상생활에서든 사업에서든 재산을 과시하지 않았고, 생활도 아주 검소했다. 반면 회사의 고위 관리였던 아세프는 록히드와 달랐다. 비싼 차를 몰고 쿠바산 고급 시가를 피우며 고급 클럽에도 자주 출입했다.

어느 주말, 두 사람이 한 클럽에서 만났다. 이런저런 얘기를 하던 둘은 서로의 급여와 생활비에 대해 얘기하게 되었다. 이때 아세프가 록히드의 질문에 표정이 바뀌더니 자신의 실상을 털어놨다. 회사의 중역으로 일하고 있지만 지출이 많아 가계 상황이 적자라고 했다. 상류 사회에 진입하기 위해 골프클럽에 자주 다니고 고급 호텔에서 식사를 하며 아이들은 비싼 사립학교에 보낸다고 했다.

아세프의 말에 록히드는 깜짝 놀랐다. 대충 계산해도 아세프는 매달 2,000~3,000달러의 적자를 보고 있었기 때문이다. 이해할 수 없다는 표정으로 록히드가 물었다.

"자네는 매달 20일쯤 되면 한 달 치 급여를 다 써버리는군. 그럼 남은 열흘은 어떻게 살지?"

아세프가 하는 수 없이 대답했다.

"어쩔 수 없이 카드를 긁는다네. 나도 이런 생활로 인해 큰 압박을 받고 있지만 도저히 생활방식을 바꿀 수가 없네."

아세프는 이른바 상위 1%의 삶에 익숙해져 있다. 이미 부채가 많아 위험한 수준이지만 체면 때문에 지금까지의 생활방식을 포기하지 못하고 있다.

실제로 우리 주위에는 아세프 같은 사람이 매우 많다. 그들은 체면을 지키기 위해서라면 빚을 지는 것도 마다하지 않으며, 적자에 허덕이면서도 지금까지의 생활을 포기하지 못한다. 이런 삶은 겉으로는 화려하지만 아무런 의미가 없다. 게다가 이런 생활은 결국 더 많은 문제를 야기하며, 신체적으로나 정신적으로 고통의 원인이 된다.

가계 경제를 어려움에 빠뜨리고 싶지 않다면 이런 소비관을 버려야 한다. 내 돈이라고 해도 함부로 써서는 안 된다. 특히 허세를 부리기 위해 자신의 경제력을 넘어서는 어리석음은 범하지 않아야 한다.

가난한 사람은 저축하고, 부자는 돈을 빌린다

당신은 은행에 저축한 돈이 있는가? 여윳돈이 생기면 은행에 저축하는 편인가? 그리고 저축한 돈의 이자가 늘어나는 것을 볼 때 기분이 좋은가? 대부분이 그렇다고 대답할 것이다.

은행에 저축하면 재산도 지키고 이자도 받을 수 있다. 하지만 유대인은 조금 다르다. 이 점에 대해서는 앞에서 유대인의 재테크 인식을 중심으로 한번 다뤘다. 이번에는 재테크 방식과 방법에 중점을 두었다.

그 전에 유대인이 돈을 은행에 두지 않는 특별한 이유가 있는지를 먼저 이해할 필요가 있다. 간단히 말해서, 유대인이 은행에 돈을 넣어 두지 않는 이유는 현금을 매우 중요시하여 모든 자산을 현금화하려고 하기 때문이다. 유대인의 입장에서 은행은 가난한 사람들에게는 저축을 하는 곳이고, 부자들에게는 돈을 빌리는 곳이다.

유대인 역시 돈을 은행에 넣어놓으면 이자를 받을 수 있다는 사실을 잘 안다. 하지만 그들은 시간이 지남에 따라 물가는 올라가지만 화폐는 반대로 가치가 하락한다는 사실도 잘 알고 있다. 만약 입금자가 사망하거나 예상치 못한 일이 벌어졌을 때 그의 자녀가 유산을 상속받기 위해서는 반드시 상속세를 내야 하는데 이 경우 자산 가치가 하락한다. 이는 유대인이 결코 용납할 수 없는 일이다. 따라서 은행에 입금하면 이자는 생기지만 가난한 사람들은 은행에 돈을 넣으면 넣을수록 더 가난해진다. 그래서 재테크 수완이 좋은 유대인은 투자를 중요시하며, 돈을 은행에 넣어두기보다 금고에 넣어 재산을 안전하게 지키는 것을 선호한다.

──────── 레비는 현금이 왕이라는 신념을 가진 부유한 유대인이었다. 그는 수억 달러의 자산을 보유하고 있었지만 은행에는 거의 저축을 하지 않았다. 대부분의 자산은 안전한 금고 안에 넣어두었다. 그와 비즈니스를 한 적이 있는 비유대인 친구들은 그의 이런 방식을 이해하지 못했다.

언젠가 레비는 일본인 사업가와 자리를 함께했다. 레비가 은행에 돈을 넣어두지 않는다는 사실을 알고 있던 일본인은 적절한 분위기에서 그에게 이유를 물었다.

"레비 씨, 실은 레비 씨에게 굉장히 궁금한 것이 하나 있습니다. 대답해 주시겠습니까?"

"당연하지요."

일본인 사업가가 계속해서 물었다.

"들리는 바에 의하면, 당신은 돈을 은행이 아닌 금고에 넣어두신다고 하던데 사실입니까?"

"예, 사실입니다."

레비의 말에 일본인 사업가가 다시 물었다.

"아시다시피 큰돈을 은행에 입금해두면 매년 엄청난 이자가 생깁니다. 왜 그렇게 안 하십니까?"

레비가 웃으면서 말했다.

"당신 말씀이 옳습니다. 돈을 은행에 예치하면 많은 이자가 생기지요. 하지만 이자세도 내야 하지 않습니까? 게다가 예금을 인출할 때 은행 심사도 받아야 하는데 불편하고 불안전하지 않을까요?"

그 이 말에 일본인 사업가는 더욱더 의문이 쌓였다.

"돈을 은행에 넣어두는데 어떻게 안전하지 않겠습니까?"

레비가 대답했다.

"당연히 큰 위험이 따르지요. 만약 은행이 파산하면 제 자산은 줄어들 수밖에 없으니까요. 또 그렇게 되면 만에 하나라도 제가 은행에 제공한 개인 정보가 타인에게 유출될 수도 있지 않겠습니까? 우리 유대인은 벌어서 내 손 안에 있는 돈만 내 것이라고 생각합니다. 당신들은 저축이 생활을 지켜주고, 저축을 많이 할수록 더 좋은 삶이 보장된다고 생각할지 모릅니다. 하지만 그렇게 하면 돈의 흐름이 제약을 받고 돈을 벌 기회도 그만큼 줄어든다는 생각은 안 해보셨습니까?"

일본인 사업가는 그의 대답을 들으면 들을수록 궁금증이 더해졌다.

"돈은 비록 은행에 있지만 그건 어디까지나 제 것입니다. 언제든 인출할 수 있으니까요."

레비가 참지 못하고 물었다.

"그렇다면 만약 전쟁이나 재난과 같은 돌발 사고가 발생할 경우 당신의 자산 가치가 줄어들지 않는다고 확신할 수 있습니까?"

이 말에 일본인 사업가가 되물었다.

"그렇다면 당신은 우리가 저축할 필요가 없다고 생각하십니까?"

레비가 고개를 흔들며 대답했다.

"물론 저축이 무조건 나쁘다는 뜻은 아닙니다. 저는 다만 저축을 제 기호나 습관으로 만들고 싶은 생각이 없을 뿐입니다. 은행에 저축한 돈이 많으면 많을수록 안심은 되겠지요. 하지만 반대로 돈을 벌어야겠다는 욕구는 점차 작아질 테니 더 많은 부를 창출하는 데는 오히려 불리하지 않을까요?"

이 대답을 듣고 나서야 일본인 사업가는 드디어 이해하겠다며 고개를 끄덕였다.

레비의 이야기를 통해 우리는 유대인 특유의 사업적 지혜와 재테크 인식을 엿볼 수 있다. 유대인의 눈에 돈은 굴려야만 부를 창출하는 것으로 인식된다. 돈을 은행에 넣어두고 이자가 생기기를 바라면 돈을 벌겠다는 욕망이 사라진다고 생각하는 것이다. 이런 점에서 현금은 유대인에게 안전하다는 느낌을 주고, 또 이것이 유대인으로 하여금 재산 축적 욕구를 자극했다고 볼 수 있다. 유대인에게 있어 현금 제일은 가장 간단하면서도 실용적인 사업 원칙이자 더 많은 부를 쌓을 수 있게 해주는 핵심이다. 이에 관한 재미있는 이야기가 있다.

────────── 한 유대인이 임종을 앞두고 유언을 남겼다. "내 재산을 전부 현금으로 바꾸어 고급 양탄자 하나와 고급 침대 하나를 구매해라. 나머지 돈은 내 베개 안에 넣어두어라. 그리고 내가 죽은 뒤에 함께 내 무덤에 넣어라. 이 돈을 지니고 천국으로 가겠다."
부자가 세상을 떠난 뒤 유족들은 유언에 따라 그의 전 재산을 현금으로 바꿔 무덤에 넣으려고 했다. 그때 고인의 친구 하나가 이렇게 하는 것은 너무 아깝다고 여겨 순간적으로 머리를 썼다. 그는 재빨리 수표와 펜을 꺼내어 똑같은 액수에 서명한 뒤 수표를 찢어 관 속에 넣으며 말했다.
"여보게, 친구. 현금과 똑같은 액수를 썼으니 자네도 만족할 걸세."

유대인은 누구와 어떤 사업을 하든 현금 거래를 함으로써 불필요한 갈등을 줄이고 자신의 수익이 줄어드는 상황을 피한다. 이 이야기만 보더라도 유대인의 현금 사랑을 엿볼 수 있다.

단돈
1원이 주는 교훈

부자들은 돈을 벌기 어렵다는 사실을 누구보다 잘 안다. 그래서 그들은 돈을 써야 할 때가 되면 매우 신중하게 결정한다. 어떤 학자는 이에 대해 이렇게 말했다.

"유대인에게 부의 축적은 푼돈에서 비롯된다. 성공한 사업가는 얼마의 재산을 보유하고 있든 동전 한 푼도 함부로 쓰지 않는다."

큰일을 하려면 쩨쩨하게 푼돈에 얽매이지 말고 큰돈에 집중해야 한다고 생각하는 사람이 많은데, 이런 인식은 잘못되었다. 한 사람의 금전관은 그의 인생관과 사업관을 대변한다. 푼돈을 아끼지 않는다면 성공의 길과는 점점 멀어지고, 이런 생각을 가진 사람은 부자가 되겠다는 꿈을 실현할 수 없다.

———————— 동창생인 한 유대인과 프랑스인이 대학을 졸업하고 직업을 찾아 나섰다. 어느 날 두 사람은 길에서 동전 한 닢을 발견했다. 프랑스인은 힐끔 한 번 보더니 겨우 1센트짜리 동전이라며 그냥 지나쳤다. 하지만 유대인 청년은 매우 기뻐하며 동전을 집어 주머니에 넣었다. 유대인의 행동을 얕잡아본 프랑스인이 비웃는 듯 말했다.

"겨우 1센트짜리 동전인데 뭘 그렇게 기뻐해? 사실은 나도 봤는데 줍지 않았거든."

유대인은 아무 대답도 하지 않은 채 가볍게 웃기만 했다.

몇 주 뒤, 두 사람은 창업한 지 얼마 되지 않은 같은 금융 회사에 취직했다. 창업 초기라서 업무는 많고 급여는 적었지만 발전 가능성은 매우 컸다. 얼마 지나지 않아 프랑스인은 과중한 업무와 적은 월급에 지쳐 회사를 떠났다. 하지만 유대인 청년은 잠재력을 가진 그 직장을 소중하게 여겼고 더욱 열심히 일했다.

3년 뒤 두 사람은 우연히 길에서 마주쳤다. 함께 다니던 금융 회사는 유명한 기업으로 성장해 있었고, 유대인은 크게 승진하여 많은 자사 주식을 보유하고 있었다. 반면 프랑스인은 자주 이직을 하는 바람에 여전히 새 직장을 찾아 돌아다니고 있었다. 프랑스인이 유대인에게 물었다.

"짧은 시간 안에 어떻게 이렇게 크게 성장할 수 있었지?"

유대인이 의미심장하게 대답했다.

"나는 단돈 1원이라도 소중히 여겨야 한다는 사실을 잘 알고 있었거든. 동전 한 닢도 엄연히 자산이니까. 눈앞의 자산조차 챙기지 않은 자네가 어찌 성공을 거둘 수 있겠나?"

이처럼 유대인은 단 한 푼도 놓치는 법이 없으며, 돈 버는 기회는 무슨 일이 있어도 잡는다. 말 그대로 돈이 많을수록 돈을 아낀다. 성공한 사업가는 모든 일을 꼼꼼히 따지고, 단돈 1원도 소중히 여긴다. 또 그들은 아무리 적은 돈이라도 그 가치를 최대한 살리려고 애쓴다. 다음에 나오는 사례에서도 유대인의 부 관리 철학을 살펴볼 수 있다.

────────── 한 유대인 부자가 있었다. 어느 날 그는 유명 브랜드 양복을 입고는 값비싼 시계를 차고 보석을 박은 넥타이핀을 꽂은 채 뉴욕에서 가장 큰 은행을 찾아갔다. 은행 창구에 도착한 그는 직원에게 다가가 말했다.

"실례합니다. 돈을 좀 빌리고 싶습니다만."

은행 직원은 매우 예의 바르게 대답했다.

"예, 물론 가능합니다. 얼마를 원하십니까?"

부자가 말했다.

"1달러입니다."

깜짝 놀란 직원이 그를 위아래로 훑어보며 여러 차례 확인했다. 다시 유대인이 말했다.

"저는 1달러만 필요합니다. 빌릴 수 있겠습니까?"

은행 직원은 이렇게 고가의 옷을 입고 있는 사람이 왜 1달러만 빌리려 하는지 이해되지 않았지만 예의를 갖춰 다시 물었다.

"담보만 있다면 얼마를 대출받든 문제가 없습니다. 혹시 담보가 있으십니까?"

그 말에 사업가는 가방에서 주식과 채권 등 유가증권 한 뭉치를 꺼내 직원에게 건네면서 말했다.

"이거면 담보로 충분하겠습니까?"

확인해보니 액수가 자그마치 50만 달러나 되었다. 직원이 다시 물었다.

"고객님의 증권 가치는 50만 달러나 됩니다. 이에 상응하는 액수의 대출을 받으실 수 있습니다. 그런데 정말 1달러만 빌리겠습니까?"

"그렇습니다. 저는 1달러만 있으면 됩니다."

유대인의 말에 직원은 어쩔 수 없이 대답했다.

"알겠습니다. 처리해드리겠습니다. 현재 금리가 연 6%이니 일 년 뒤에 대출 원리금을 갚으시면 저희가 담보로 받은 주식과 채권을 돌려드리겠습니다."

대출 절차를 마친 유대인 사업가는 은행을 떠났다.

옆에서 이 광경을 지켜보던 지점장도 유대인 부자의 행동이 이해되지 않았다. 재빨리 뒤따라나가 유대인 부자에게 정중하게 물어보았다.

"고객님, 저는 이 은행의 지점장입니다. 50만 달러의 담보를 갖고 계시면서 왜 겨우 1달러만 대출을 받으셨는지 여쭤봐도 되겠습니까?"

지점장의 공손한 자세에 사업가가 입을 열었다.

"저는 여기에 출장을 왔는데 몸에 지닌 유가증권이 매우 불편합니다. 하지만 금고를 이용하려면 비싼 임대료를 내야 하는지라 담보 형식으로 그것을 은행에 맡긴 것입니다. 그럼 저는 매년 6%의 이자만 부담하면 되니까요."

유대인 부자의 현명함에 감탄사가 절로 나온다. 그의 행동은 철저하고 꼼꼼한 유대인의 재테크 인식과 더불어 사업적으로 비범한 두뇌를 잘 보여준다.

1센트는 별것 아니지만 잘 사용하면 커다란 부를 만들어준다. 사실 더 많은 부를 창출할 수 있느냐 없느냐는 올바른 가치관의 여부에 달렸다. 작은 돈 한 푼이라도 소중히 여길 줄 아는 마음가짐이야말로 부의 창출과 관리의 가장 중요한 수단이다.

미국「포브스」가 공개한 전 세계 400대 부호 명단을 20년 전 명단과 비교했다. 결과는 놀라웠다. 이 슈퍼리치들 가운데 지금까지 부자 명단에 있는 사람은 5명 중 한 명에 불과했다. 세계적인 부호로 우뚝 서고도 그 자리를 유지하는 사람은 왜 소수일까?

경제 발전과 신흥 부자의 출현이라는 이유도 있지만 그보다는 대부분의 부자들이 자신의 부를 제대로 관리하거나 지출을 억제하지 못해 마음대로 돈을 썼기 때문이다. 한 예로 유명 복싱 선수 마이클 타이슨은 20년 동안 프로선수로 활동하면서 5억 달러에 달하는 어마어마한 수입을 올렸지만 재산을 제대로 지키지 못해 결국 파산 신청을 하고 말았다.

이처럼 부자든 가난한 사람이든 자신의 재산을 지키며 단돈 1원이라도 이유 없이 빠져나가게 해서는 안 된다. 이렇게 해야만 재산이 지속해서 늘어난다. 석유재벌 록펠러 역시 자신의 재산을 잘 지켜 부자가 되었다.

━━━━━━━━━━ 젊은 시절, 록펠러는 한 석유 회사에서 일한 적이 있다. 당시 그가 맡은 일은 석유를 담은 거대한 기름통에 납땜을 하는 것이었다. 일은 그다지 복잡하지 않았지만 록펠러는 사명감을 갖고 매우 열심히 일했다.

어느 날 그는 기름통을 납땜할 때 용접봉의 쇠 찌꺼기가 떨어진다는 사실을 발견했다. 세심하게 관찰한 끝에 록펠러는 기름통 하나를 용접할 때마다 평균 509방울의 쇠 찌꺼기가 떨어진다는 사실을 알아냈다. 이로 인해 매년 수많은 용접봉을 낭비하고 있으며, 이 찌꺼기를 줄이면 용접봉을 절약할 수 있을 거라 판단했다. 게다가 절약되는 용접봉에 달하는 비용을 절약하면 이를 수익으로 창출시킬 수 있을 거라 생각했다.

용접봉 절약이라는 목표를 실현하기 위해 록펠러는 수많은 연구와 시행착오를 거쳐 용접 기술을 개선했다. 그는 새로 개발한 방법을 이용하여 바닥에 떨어지는 쇠 찌꺼기를 508방울로 줄였다.

겨우 한 방울, 회사 입장에서는 아무것도 아니다. 하지만 록펠러 덕분에 회사는 매년 5억 7,000만 달러의 원가를 절약할 수 있었다.

록펠러는 이 일을 통해 아주 중요한 교훈 하나를 배웠다. 아무리 적은 돈이라도 모으면 큰 액수가 될 수 있다는, 평범하지만 중요한 진리였다. 이와 함께 지갑을 잘 관리하면서 단돈 1원도 주머니에서 쉽게 빠져나가는 일이 없도록 하겠다고 다짐했다.

그는 억만장자가 될 때까지 이런 습관을 계속 유지했고, 아무리 적은 돈이라도 절약했다. 심지어 직원들에게도 가혹하다 싶을 정도로 절약을 요구했다. 대표적인 예가 1갤런의 원유를 정제하는 데 드는 비용을 소수점 아래 세 번째 자리까지 정확히 계산해서 보고하도록 한 것이다. 록펠러의 엄격함과 절약 정신은 업무 중에는 물론이고 일상생활에서도 유지됐다. 그는 평소 식당에서 식사를 하고는 결제할 때 직원에게 15센트의 팁을 줬다. 그러나 어느 날 식사를 마친 그는 직원에게 5센트만 주었다. 평소보다 팁이 훨씬 적자 직원이 불만 섞인 소리로 말했다.

"만약 내가 당신 같은 부자였다면 쩨쩨하게 10센트를 덜 주진 않을 겁니다."

그 말에 록펠러가 웃으며 말했다.

"그러니 자네가 여기서 종업원 노릇만 하고 있는 걸세."

"돈지갑을 잘 감시하라. 돈이 함부로 주머니에서 나가지 못하게 하라. 다른 사람이 당신을 '구두쇠'라고 말하는 것을 두려워하지 마라. 명심해라. 1원을 써서 2원을 벌어들일 수 있을 때만 1원을 써라."

록펠러의 말 속에 왜 돈을 잘 관리해야 하는지, 왜 낭비하지 않아야 하는지에 대한 이유가 들어 있다. 부는 단돈 1원을 아끼는 일에서 시작되며, 뛰어난 사업가일수록 1원짜리 동전을 아무렇게나 버리는 일이 없다. 유대인은 성공이 티끌 모아 태산을 실천한 결과물이며, 부의 축적 역시 이와 같다는 사실을 잘 알고 있다.

부의 관리는
일생의 과업이다

사람들은 살아 있는 한 밥을 먹어야 한다고 생각한다. 하지만 유대인은 살아 있는 한 재테크를 해야 한다고 생각한다. 바꿔 말해 그들은 재테크를 평생의 과제로 여긴다. 재테크를 제대로 해야 미래가 보장되고 헛된 인생을 보내지 않는다고 믿기 때문이다. 재테크에 대한 생각을 갖고 이를 행동으로 옮겨야 하며, 명확한 목표와 구체적인 계획을 갖고 있어야 한다고 생각한다. 그렇게 하지 않는 사람은 부의 바다에 도달할 수 없으며, 인생을 원만하게 살 수 없다고 믿는다. 한 유대인 사업가는 이렇게 말했다.

"근면함과 착한 심성만으로는 부자가 될 수 없다. 마음속에 자신이 희망하는 명확한 부의 기준을 세워두지 않는다면 목표를 달성했는지

어떻게 알 수 있겠는가?"

이처럼 유대인에게 있어 부의 관리는 매우 중요하다. 실제로 유대인은 돈 모으기를 좋아하고 돈을 잘 모은다. 그들은 돈 벌기를 인생의 목표나 사업으로 여기면서 그 과정을 즐긴다. 그리고 벌어들인 돈을 어떻게 합리적으로 쓸 것인지를 계획함으로써 더 많은 부를 창출한다.

주변을 살펴보라. 돈을 벌어 재테크를 하고 싶어 하는 사람이 많을 것이다. 하지만 정말로 돈을 버는 데 성공해서 부자가 된 사람은 드물 것이다. 이유가 무엇일까? 재테크에 대한 인식은 있지만 노하우는 적거나 없기 때문이다.

자산 관리는 작은 개울과 같아서 장기간의 계획을 세워서 끊임없이 투자해야만 비로소 큰 강을 이룰 수 있다. 유대인에게 자산 관리는 오늘을 위한 일이 아닌 미래를 위한 준비이며, 가장 현명한 선택은 자산 관리를 장기적 목표로 여기는 것이다. 이렇게 해야 부가 영원히 내 곁을 떠나지 않는다고 믿는다.

———————— 조각가 제퍼슨은 언제나 큰 부자가 되는 꿈을 꾸었다. 어느 날 부유한 상인인 둘라가 제퍼슨에게 특수 기호 몇 개를 조각한 테라코타를 주문했다. 그러면서 다음 날 이른 아침까지 반드시 완성해야 한다는 조건을 붙였다. 제퍼슨은 밤을 새워서라도 꼭 만들어내겠다고 약속하면서 둘라에게 부자가 될 수 있는 비결을 알려달라고 부탁했다. 둘라 역시 이 조건에 동의했다.

다음 날 둘라가 주문한 물건을 찾으러 왔을 때 제퍼슨은 이미 조각을 끝내놓은 뒤였다. 둘라가 말했다.

"우선 자네가 번 돈의 일부를 저축하고, 남은 돈의 10분의 1을 투자하게."

일 년 뒤 둘라는 다시 제퍼슨의 집으로 가 자신이 가르쳐준 대로 저축하고 남은 돈의 10분의 1을 투자했는지 물었다. 제퍼슨은 어깨에 잔뜩 힘을 주고 기고만장하게 대답했다.

"당연하죠. 저는 저축하고 남은 돈을 벽돌공에게 주었습니다. 그러면 그는 타지로 가서 보석을 사 와서는 비싼 값을 주고 되팔았죠. 그리고 다른 투자에도 일부 참여했습니다."

둘라는 그의 대답에 매우 화를 내며 말했다.

"왜 자네 돈을 벽돌공에게 줘서 보석 사업을 하도록 했나? 잊지 말게. 문외한과는 절대로 함께 장사를 해서는 안 되네. 만약 자네가 보석 사업을 한다면 보석상 사장에게 도움을 청해야 하네. 그래야 더 많은 돈을 벌 수 있을 걸세"

실제로 얼마 후 그 벽돌공은 다른 사람에게 사기를 당했고, 제퍼슨은 투자금을 거의 날리고 말았다. 제퍼슨은 둘라의 조언에 따를 수밖에 없었고, 다시 돈을 모아 새롭게 투자했다.

둘라가 또다시 제퍼슨에게 어떻게 투자했는지를 물었다. 제퍼슨이 대답했다.

"근처 대장장이에게 돈을 맡겼습니다. 그는 그 돈으로 원료를 구매하고 매달 저에게 이자를 주기로 했습니다."

둘라는 고개를 끄덕이며 말했다.

"음, 훌륭하군. 그렇다면 자네는 그 이자 수익을 어떻게 이용할 생각인 가?"

제퍼슨은 기분이 좋아져서 대답했다.

"멋진 옷도 사고, 맛있는 음식도 먹고, 당나귀 한 마리를 사서 타고 다 닐 겁니다."

그 말에 둘라는 머리를 가로저으며 말했다.

"만약 번 돈을 다 써버린다면 어떻게 더 많은 돈을 벌 수 있겠나? 장기 적인 계획을 세워야 할 걸세. 그렇게 해야만 비로소 번 돈을 마음껏 쓰 면서 즐길 수 있어."

시간이 지난 뒤 둘라가 또다시 찾아와 물었다.

"제퍼슨, 이제 부자가 되는 비법을 찾았나?"

제퍼슨이 말했다.

"아직 못 찾았습니다. 하지만 이미 어느 정도 돈을 벌었습니다. 번 돈을 투자에 이용해서 더 많은 돈을 벌었습니다."

둘라가 웃으며 말했다.

"이미 자네는 부자가 되는 비법을 깨달았네. 먼저 장기적인 목표를 세 우고 나서 돈을 저축해야 하네. 그 다음에는 업계 전문가에게 투자 비 결을 배운 뒤 돈이 계속해서 새로운 돈을 벌어들이도록 만드는 법을 깨달아야 하지. 이것이 부자가 되는 비결이라네."

'목표를 세우고 전문가에게 비결을 배운 뒤 끊임없이 투자한다.' 이 는 둘라가 재테크를 하면서 지킨 원칙이자 유대인이 재테크를 할 때

따르는 신념이다. 이렇게 하는 이유는 돈을 충실한 부하로 만들어 나를 위해 일하게 하기 위해서이다.

하지만 많은 사람들은 이렇게 하지 못한다. 사람들은 더 많은 돈을 벌기 위해 재산을 관리하지만 어느 정도 돈을 벌고 나면 처음의 목표를 잊어버린다. 그들은 투자로 번 돈을 생필품이나 명품을 구매하는 데 쓴다. 결국에는 더 많은 부를 축적하기는커녕 처음 투자했을 때보다 더 많은 돈을 쓰고 만다.

하지만 유대인에게는 절대로 이런 상황이 일어나지 않는다. 그들은 돈을 버는 머리도 중요하지만 관리하는 머리는 더 중요하다는 사실을 잘 알고 있다. 그들에게 재산 관리는 장기적인 목표이거나 평생의 목표이며, 재산 관리는 시작만 있을 뿐 끝은 없다고 생각한다.

자선과
돈의 가치

　　　　　　자선은 인간에 대한 관심이자 동정이고, 자선을
하는 이의 인자함과 착한 마음을 표현하는 행동이다. 자선을 하려면
도움이 필요한 사람들에게 돈이나 부를 무상으로 주어야 한다. 실제로
자선 활동의 구체적인 형태도 대부분 돈이나 부와 밀접하게 관련돼 있
다. 그런데 이런 자선 활동 때문에 부의 지표로 활용되는 돈이 더 광범
위한 의미와 가치를 가지게 됐다는 사실을 아는가? 한 서양학자의 말
을 들어보자.

　"돈은 거대한 힘이 있다. 올바른 일에도, 범죄에도 쓸 수 있다. 그러
므로 돈을 어떻게 활용하는가가 가장 중요한데, 기본적으로 의식주에
소비하고 나서 자선 사업에 사용할 수 있다. 이는 돈의 가치와 힘을 가

장 잘 활용한 사례다."

유대인은 돈을 사랑하지만 과학적이고 합리적으로 쓰기를 더 희망한다. 1905년 「코스모폴리탄」에 '그는 그것을 어떻게 이용할 것인가?'라는 제목의 글이 실렸다. 저자는 이 글에서 다음과 같이 썼다.

"존 록펠러가 곧 남기게 될 세계 최대 규모의 재산이 세상의 주목을 끌고 있다. 아들 존 록펠러 2세는 몇 년 뒤 이 재산을 상속받게 된다. 이처럼 거액의 재산은 전 세계에 영향을 주기에 충분하다. …(중략)… 또는 그것을 나쁜 일에 쓸 수도 있으며, 그렇게 되면 세계 문명의 발전이 25년 정도 늦춰질 수 있다."

──────────── 록펠러에게는 게이츠라는 목사 친구가 있었다. 게이츠는 록펠러에게 말년에 그의 재산을 일부 자선 기관에 기부하라고 여러 차례 조언했다. 록펠러는 그의 제안을 받아들여 수억 달러의 재산을 학교와 병원, 연구소 등에 기부했다. 12년 동안 무려 4억 달러를 자신의 4대 자선 기관인 일반교육위원회, 로라 스펠먼 록펠러 재단, 록펠러 재단, 의학연구소에 기부했다. 그리고 존 록펠러 2세는 이 기관의 핵심 책임자로서 자선 사업을 이끌었다. 존 록펠러 2세는 자선 기관들을 경영하는 동시에 자연보호를 필생의 사업으로 여기며 열과 성을 다했다.

1910년, 그는 미국 메인 주의 경치가 수려한 섬 하나를 구매했다. 이유는 그곳의 자연경관이 파괴되지 않도록 보호하기 위해서였다. 자연을 보호하고 관광객에게 편의를 제공한다는 전제조건으로 도로와 다리를 만드는 데 돈을 투자했다. 훗날 이곳은 아카디아 국립공원으로 불리게 되었고, 나중에 존 록펠러 2세는 이 섬을 국가에 헌납했다.

1924년, 존 록펠러 2세는 나무들이 구불구불하게 자라 있고 땅에는 잡초가 무성한 옐로스톤 공원을 발견했다. 공원이 관리되지 않은 이유를 알아보니 정부에서 길 청소에 드는 예산을 지원하지 않아서였다. 이유를 알게 된 존 록펠러 2세는 즉시 10만 달러의 사재를 털어 공원 안의 부서진 곳을 정리하고 복구했다.

통계에 따르면 존 록펠러 2세는 자연보호 한 분야에만 수천만 달러의 돈을 썼다고 한다. 아버지로부터 평생 쓰고도 남을 만큼의 재산을 물려받았지만 그는 언제나 올바른 곳에만 돈을 썼다. 그는 이렇게 말한다. "건강한 삶의 비결은 사심 없이 주는 데 있다. 돈은 나쁜 일에도 쓸 수 있고, 사회와 우리 삶을 건강하게 하는 데도 쓸 수 있다."

그가 도운 자선 기관과 경제 관련 재단들은 매우 다양하고 하는 일도 많았다. 하지만 그는 모든 투자를 신중하게 심사숙고한 뒤에 진행했다. 그는 언제 어디서나 "나는 사람이 돈 때문에 행복을 얻는 것이 아니며, 행복은 단지 다른 사람을 도움으로써 얻게 되는 느낌이라고 믿는다"는 아버지의 말을 잊지 않았다. 그에게 생명의 본질은 대가 없는 기부였다.

20세기 들어 50년 동안 미국이 추진한 새로운 사업 가운데 록펠러 가문의 발자국이 닿지 않은 분야는 없었다. 그들의 이런 행동은 돈의 가치와 힘이 자선 사업을 통해 더욱 위대해질 수 있음을 증명했다. 부는 자선의 기반이며, 행복은 자선의 풍성한 열매라는 진리였다.

자선 사업은 사회 갈등을 해소하고 응집력을 강화하는 데 중요한 구실을 한다. 무엇보다 부의 가치를 더욱 빛내준다.

사업에서 큰 성공을 거둔 유대인 부자들은 자신이 어려웠을 때를 잊지 않고 사회 환원에 적극적으로 나선다. 나아가 사회가 자선 사업에 참여하도록 하는 데도 앞장선다. 유대인의 자선 정신은 소중한 정신적 자산이며, 그 덕에 많은 사람들이 행복을 누릴 수 있다.

유대인 생각공부

부의 축적은 푼돈에서 비롯된다.
성공한 사업가는 재산이 얼마든
동전 한 푼도 함부로 쓰지 않는다.
유대인에게 재산 관리는 평생의 목표이며,
시작만 있을 뿐 끝은 없다.

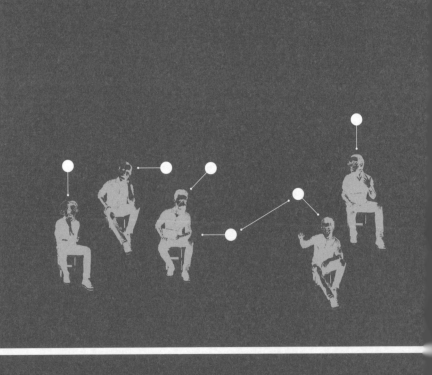

7장

경쟁과 생각공부

혼자 성공하는 사람은 없다

경쟁을
추구해야 하는 이유

'별종, 이교도, 똑똑한 머리, 돈 벌기의 천재.'

오랜 세월 유대인을 수식해온 말들이다. 2차 세계대전 속 인종 대청소라는 미증유의 비극과 시련 속에서 살아남아 유대왕국을 건설하며 막대한 부를 축적한 이들이 위대한 성과를 낼 수 있었던 원동력은 무엇인가? 바로 단결과 상호 이익이다. 이들의 집단정신과 협력이 그들에게 부의 왕국을 건설할 수 있게 했다.

유대인은 사업이란 한 가족만 하는 것이 아니며, 서로 돕고 이익을 도모해야 자신의 부가 늘어난다고 생각한다. 다시 말해 백지장도 맞들면 낫다는 말을 가장 잘 실천하고 있다. 그들의 협력은 수십 명에서 때로 수천 명 이상의 형태로 나타나는데, 이런 집단 협력 정신은 놀랍고 감탄스러울 정도다. 중요한 것은, 그들이 가진 진짜 목적은 협력을 통해 서로 이익을 얻고, 자신의 사업을 더욱 키우는 데 있다는 사실이다.

지금은 파산했지만 한때 세계적인 투자은행이었던 리먼 브러더스는 매년 약 3,500만 달러의 이윤을 거둬들이던 거대한 은행이었다. 2008년 9월 15일 파산 당시 부채 규모가 세계 17위 경제국인 터키의 국내총생산과 맞먹을 정도였다. 이 회사의 창업 과정은 놀라움을 선사한다.

——————— 당시 리먼 형제는 앨라배마 주에서 잡화점을 운영하고 있었다. 앨라배마는 면화의 주요 산지로 농민들이 가진 것이라고는 면화뿐이었다. 리먼 형제는 이 점을 이용하여 현지 농민들이 화폐 대신 면화를 일용품과 교환해 사용하게 하는 아이디어를 고안했다. 앞에서 유대인 사업가들은 현금이 최고라는 원칙과 신조를 가지고 있다고 말했는데, 리먼 형제의 방식은 이 내용과 다소 배치되는 느낌이 들수도 있다. 하지만 전혀 그렇지 않다. 표면적으로는 그렇게 여겨질 수있지만 리먼 형제는 꼼꼼한 계산을 통해 이런 결정을 했기 때문이다. 그들은 면화와 상품을 교환하는 물물교환 방식으로 현금이 없는 고객을 유치했고, 이는 제품 판매량 확대로 이어졌다. 이런 물물교환 방식을 통해 리먼 형제는 면화의 거래 가격을 조종할 수 있었다. 다른 경쟁업체들보다 경쟁 우위를 점했음은 물론이다. 일반적인 방식으로 잡화를 판매할 경우 물건을 들여오고 내보내는 과정이 필요한데, 물물교환 방식을 취하면 먼저 물건을 가져다준 뒤 그

차량에 면화를 실어 가져오면 되므로 운송비도 일부 절약할 수 있다. 이런 경영 방식은 '한 가지 사업, 두 가지 이익'을 가능하게 해주기 때문에 매매에 참여한 양쪽 누구도 손해를 보지 않는다. 리먼 형제는 이런 방식을 통해 누구도 손해 보지 않는 선에서 사업을 키울 수 있었다.

이익을 추구하기 위해서는 경쟁해야 한다. 경쟁 과정에서는 투쟁이 필요하고, 손해를 입을 수도 있다. 하지만 유대인은 악성 경쟁으로 인한 피해를 없애거나 최소화하기 위해 상황을 교묘하게 조정함으로써 양쪽 모두 이익을 얻는 윈윈 전략을 택한다. 이렇게 하면 양쪽 모두 돈을 벌 수 있을 뿐만 아니라 양적으로나 질적으로 한 단계 높은 수준의 협력을 할 수 있어 자연스럽게 더 많은 부를 축적할 수 있다.

팀워크,
제1원칙

"나에게 사과가 한 개 있고 너에게도 사과가 하나 있다. 우리가 서로 사과를 맞바꾸면 여전히 일인당 한 개일 뿐이다. 나에게 아이디어가 하나 있고 너에게도 아이디어가 하나 있다. 그런데 이것을 맞바꾸면 일인당 두 개가 된다."

아일랜드의 유명한 극작가 조지 버나드 쇼의 말이다. 이 말에서도 단결과 협력, 즉 팀워크의 가치와 의의를 찾을 수 있다.

팀워크는 함께 창조하고 발전하자는 의미를 담고 있다. 유대인은 이런 팀워크 정신을 오래전부터 활용하고 있다. 서로 포용하고 화합해야만 함께 발전할 수 있다는 사실을 굳게 믿기 때문이다. 이것이 윈윈의 지혜다. 프랑스의 고전주의 시인이자 작가인 라퐁텐의 우화를 보자.

━━━━━━━━━ 팔과 다리는 위胃와 오랫동안 협력해왔다. 그들은 주인을 위해 함께 일했고 사이도 아주 좋았다. 그러나 언제부턴가 팔과 다리가 불평을 늘어놓기 시작했다. 그들은 오랫동안 위를 위해 일했지만 힘만 들고 좋은 소리는 듣지 못한다고 생각했다. 상의 끝에 그들은 파업을 하기로 했다.

팔과 다리가 일을 하지 않자 신체의 다른 기관들도 파업에 동참했다. 모두들 자기가 없으면 위가 굶을 수밖에 없다고 생각했다.

"우리는 온종일 위를 위해 고생하고 쉴 틈도 없이 기계처럼 일했어. 모두가 위를 위해서 배에 음식을 채워주고 힘들게 일했지. 그런데도 위는 고마운 줄 몰라. 이번 파업을 통해 위라는 녀석에게 똑똑히 알려주겠어. 지금껏 누가 그 녀석을 먹여 살렸는지 말이야."

이렇게 모든 기관들이 집단으로 파업에 합류했다. 손은 물건을 들지 않았고, 팔은 움직이지 않았으며, 두 다리도 쉬면서 위가 스스로 먹고 마실 것을 찾게 내버려두었다.

하지만 좋은 시절은 오래가지 못했다. 예상치 못한 일이 벌어졌기 때문이다. 먼저 두 팔과 다리는 마치 물 먹은 스펀지처럼 맥이 빠지고 극도의 피로감이 몰려오는 것을 느꼈다. 심장 역시 큰 소리로 살려달라는 구조 신호를 보냈다. 피가 제대로 공급되지 않아 공기를 들이마실 수 없었던 것이다. 다른 기관들도 다급한 목소리로 고통을 호소했다. 그제야 팔과 다리는 자신들이 얼마나 어리석은 짓을 했는지 깨달았다. 위가 그동안 몸 전체에 기여한 공로는 다른 기관들에 비해 결코 작지 않았던 것이다.

팔과 다리가 위에 음식물을 주면 위는 팔과 다리에게 혈액을 보낸다. 별 탈 없다면 그들은 이렇게 형성된 공동 번영권을 통해 서로 발전하고 성장할 수 있다.

우리는 늘 유대인이 돈을 지나치게 밝힌다고 말한다. 하지만 그들은 자기 민족에게는 아낌없이 돈을 쓴다. 전 세계 어느 나라, 어느 지역, 어느 민족을 불문하고 거지는 존재한다. 하지만 전 세계에서 유일하게 유대인 사회에서는 거지를 찾아볼 수 없다.

지난 수천 년 동안 유대인은 조국과 보금자리를 잃고 세계 각지로 뿔뿔이 흩어져 살아야 했다. 가는 곳마다 배척과 박해를 당했고, 심지어 목숨을 잃기도 했다. 깊고 깊은 절망의 늪에서도 유대인끼리는 일절 살인이나 약탈, 구걸 등의 행동은 하지 않았다. 밖으로부터는 끊임없이 박해를 받았지만 내부 결속력은 언제나 튼튼했다.

아주 오랫동안 이어진 유대교의 전통 가운데 부자들이 자신의 재산 일부를 유대인 조직에 기부하여 가난한 사람을 돕는 제도가 있다. 부자들은 이를 시혜가 아닌 일종의 의무로 여기며, 가난한 사람들 역시 조직을 통해 도움을 받는 것을 구걸이 아닌 권리로 여긴다. 이 전통에는 민주와 평등 의식이라는 유대인의 교육 이념이 잘 반영돼 있다.

이런 단결과 협력 정신을 바탕으로 유대인은 수없이 많은 절망의 늪에서 다시 일어나 전 세계가 경탄해 마지않는 성과와 막대한 부를 이룩했다. 실제로 팀워크 정신을 발휘해 성공한 사례는 매우 많다.

막스 플랑크, 알베르트 아인슈타인, 닐스 보어, 하인리히 헤르츠는 더없이 친한 친구이자 경쟁자였다. 그들은 단결과 논쟁, 공동의 노력을 통해 인류의 과학 발전에 이바지했다. 아인슈타인과 로버트 오펜하이머, 에드워드 텔러 역시 매우 가까운 친구 사이였다. 그들의 공동 노력 끝에 원자폭탄과 수소탄이 등장했다. 데이비드 사르노프와 윌리엄 페일리, 벤저민 그레이엄도 매우 친한 동료이자 사업상의 라이벌로, 우정과 경쟁을 통해 부를 축적했다. 그뿐만 아니라 할리우드의 MGM, 파라마운트 등 5개 영화사 역시 모두 유대인이 세운 회사로, 이들은 이합집산을 통해 할리우드 영화계를 독점하고 있다.

성공한 사업가에서 평범한 시민에 이르기까지 유대인은 서로 돕고 밀어주며 함께 발전해나간다. 이것이 유대인의 돈에 대한 집착과 모순되지 않느냐고 반문할 수도 있다. 물론 유대인에게 돈은 매우 중요한 것이지만 돈과 지혜는 서로 충돌하지 않으며 완벽한 결합을 이룰 수 있다.

유대인은 개인 한 사람의 힘은 미약하므로 뭉쳐서 지혜를 모아야만 거대한 힘이 된다고 생각한다. 유대인 집단에서 개인플레이는 있을 수 없다. 그들은 단결하여 하나의 커다란 조직체를 만들어 함께 전진하고 발전하는 방식에 익숙하다.

그렇다면 이런 조직화만으로 충분할까? 그렇지 않다. 아무리 유대인이라 해도 가난한 동포에게 공짜로 무언가를 계속해서 제공한다는 것은 힘든 일이다. 재테크를 중시하는 유대인의 가치관과도 맞지 않는다.

여기서 다시 한번 유대인의 우수성이 드러난다. 바로 가난한 사람을 기꺼이 도우려는 부유한 사업가를 찾아내는 능력이다. 그리고 이 유대인 부자는 아주 특별한 방법으로 가난한 사람에게 시혜를 베푼다. 부유한 구두 판매상이라면 사정이 어려운 동포에게 이렇게 말할 것이다.

"저는 지금 서쪽에서만 구두점을 운영하고 있으며 이 도시의 동쪽에는 분점이 없습니다. 당신이 동쪽에 가게를 내십시오. 제가 돈을 빌려드릴 테니 점포를 임대하세요. 제품도 제공해드리지요. 구두를 팔아서 돈을 벌면 그때 원리금을 갚으면 됩니다. 당신이 자리를 잡은 이후에도 제가 당신에게 장기적으로 제품을 공급하겠습니다."

유대인이 타인을 돕는 방식은 시혜라기보다 협력에 가깝다. 이런 방식으로 타인을 돕는 민족은 유대인밖에 없을 것이다. 그리고 이를 하나의 전통으로 여겨 오늘날까지 유지해온 민족도 유대인이 유일하다.

유대인은 1석 3조의 전략을 구사한다. 어려움에 처한 사람을 도울때는 그들 스스로 아이디어를 짜내어 돕고 자신 또한 발전하는 전략을 쓴다. 이렇게 함으로써 경제적으로 어려운 사람의 자립을 돕고, 동시에 자신의 사업 영역도 확장한다. 이런 방식으로 도움을 주는 사람도 이익을 얻고, 또 이런 이유로 오랫동안 자선 행위를 이어올 수 있었다.

모건 그룹의 창업주 모건은 "경쟁은 시간 낭비이고 연합과 협력은 번영과 안정의 기반"이라고 말했다. 록펠러는 한 걸음 더 나아가 100개에 가까운 석유 기업을 합병하여 거대한 트러스트를 형성했다. 유대인이 공유하고 있는 이런 문화적 토대 덕분에 그들은 전통적인 방식의 비즈니스 협력을 더 쉽고, 더 널리 실현할 수 있었다. 그들의 협력 범위는 앞으로 더 확대될 것이며, 그들은 어떤 다른 민족과도 협력할 의사가 있다. 이런 협력이 혼자 사업했을 때보다 더 큰 이익을 가져다주기만 한다면 그들은 기꺼이 협상 테이블에 앉을 것이다.

남을
왜 도와야 하는가

　　　　　　　　금전만능주의가 횡행하고 이윤 추구를 목적으로 하는 냉엄한 비즈니스 현장에서도 우리는 도움을 주고받을 필요가 있다. 다음에 나오는 사례가 그 이유를 잘 보여준다.

──────────── 한 구두 생산 공장이 있었다. 공장의 사장은 남을 즐겨 돕는 마음씨 착한 유대인이었다. 그의 마음 씀씀이는 직원을 대할 때는 물론이고 사업 파트너에게도 한결같았다.

어느 날 사장은 자신과 거래하는 한 소매상이 구두를 너무 많이 구매한 나머지 재고가 쌓이는 바람에 고민하는 모습을 목격했다. 사장은 그를 위해 즉시 제품을 바꿔주겠다고 했다. 소매상은 공장 사장의 배려에 크게 감동했지만 사업적인 측면에서는 옳지 못하다고 생각해 거절했다. 그렇게 할 경우 사장이 엄청난 손실을 볼 것이 뻔했기 때문이다. 하지만 사장은 자신이 알아서 처리하겠다며 생각을 굽히지 않았다.

이 일을 계기로 구두 공장 사장에 대한 좋은 소문이 퍼졌다. 업계에서의 명성 또한 높아져 사람들은 누구나 그와 일하기를 원했다.

2년 뒤, 전쟁이 터지고 경제 불황마저 겹치면서 사장의 공장이 결국 문을 닫을 위기에 처했다. 그가 막다른 길에 몰려 있을 때 과거에 그의 도움을 받았던 소매상이 찾아와 도움을 자처했다. 그의 도움을 받았던 다른 사람들도 몰려와 구두 공장의 파산을 막아주겠다고 약속했다. 이렇게 십시일반으로 돈이 모였고, 사장은 파산 대신 다시 공장을 일으켜 세울 수 있었다.

타인을 도우면 상대도 당신이 어려울 때 큰 도움을 준다. 만약 사장이 소매상의 어려운 상황을 못 본 척했다면 어떻게 됐을까? 한 걸음 더 나아가 이는 사장이 보여준 처세술이기도 하다. 이번에는 우화 한 편을 소개한다.

─────────── 며칠을 굶어 쓰러지기 일보 직전인 두 사람이 있었다. 그때 지나가던 마음씨 착한 노인이 두 사람에게 낚싯대 하나와 한 광주리의 물고기를 주었다. 두 사람은 각자 자기 몫을 챙긴 뒤 각자 갈 길을 갔다.

낚싯대를 챙긴 사람은 굶주린 배를 움켜쥐고 바닷가로 향했다. 그는 오랫동안 길을 걸어 드디어 바닷가에 도착했다. 하지만 그는 물고기를 잡기도 전에 힘이 빠져 그만 낚싯대를 움켜쥔 채 세상을 떠나고 말았다. 물고기 광주리를 챙긴 사람은 너무 기쁜 나머지 물고기를 요리하여 허겁지겁 먹기 시작했다. 그러나 며칠 지나지 않아 받은 물고기를 다 먹어버리고 말았다. 그 역시 텅텅 빈 광주리를 끌어안은 채 굶어 죽고 말았다.

시간이 흘러 또 다른 가난한 두 사람이 마음씨 착한 노인에게 같은 선물을 받았다. 하지만 두 사람은 헤어지지 않았고, 자리에 앉아 앞으로 어떻게 할 것인지를 상의했다. 그리고 함께 바다로 가기로 했다. 길을 걸으며 둘은 하루에 물고기 한 마리만 사이좋게 나눠 먹었다. 무척 배가 고팠지만 둘은 서로를 격려하고 의지하며 길을 계속 걸었다. 그리고 마지막 한 마리의 물고기를 다 먹었을 때 마침 바다가 눈앞에 나타났다. 그 후 그들은 물고기를 잡으며 살아갔다. 아내를 얻어 가정을 꾸리고 아이도 낳았으며 무척 행복한 날을 보냈다.

이 우화는 우리에게 큰 교훈을 준다. 한 사람의 지혜와 능력은 미약하고 유한하므로 서로 도와야 성공할 수 있다는 교훈이다.

유대인은 개인의 역량이 아무리 뛰어나도 재난 앞에서는 지극히 미약하고, 심지어 아무런 역할도 하지 못한다고 생각한다. 하지만 서로 힘을 모으면 개인의 힘으로는 도저히 해낼 수 없는 일도 해낼 수 있다고 믿는다. 그러니 내 것을 누군가에게 빼앗긴다거나 내가 가진 장미를 남에게 거저 준다고 걱정할 필요가 없다. 왜냐하면 내 손에는 장미의 '향기'가 남아 있기 때문이다. 타인에게 먼저 다가가 통 큰 도움을 준다면 분명 언젠가 더 큰 보답을 받게 될 것이다. 길을 걸을 때 항상 등불을 들고 다녔다는 맹인의 이야기에 주목해보자.

──────── 한 남자가 깊은 밤에 길을 나섰다. 한 치 앞도 보이지 않는 칠흑같이 어두운 길을 걷고 있는데 마침 맞은편에서 등불을 든 사람이 걸어오고 있었다. 가까이 다가가서 보니 뜻밖에도 앞을 보지 못하는 맹인이었다. 남자가 궁금해서 물었다.

"실례합니다만 눈이 안 보이는 분 같은데 왜 등불을 들고 다니시는지요?"

그러자 맹인이 웃으며 대답했다.

"제가 등불을 들고 다니면 당신이 저를 더 잘 볼 수 있으니까요."

맹인은 정말 현명한 사람이다. 칠흑같이 어두운 밤에 길을 걷든 밝은 대낮에 길을 걷든 맹인에게는 똑같을 것이다. 스스로 넘어질 가능성 역시 다른 사람과 부딪쳐 넘어질 가능성보다 훨씬 낮다. 하지만 평소에 눈으로 보면서 걷는 사람들은 어두운 밤이 되면 앞을 제대로 분간하지 못하기 때문에 다른 사람과 부딪쳐 넘어지기 쉽다. 이를 알았기에 맹인은 등불을 들고 다니면서 다른 사람들에게 자신의 존재를 알리고 부딪치지 않도록 배려했던 것이다.

맹인의 등불 이야기는 남에게 자신의 가치를 어필할 수 있는 좋은 방법으로, 이는 사업가들에게 매우 중요한 의미를 가진다. 유대인은 등불을 든 맹인처럼 타인을 돕는 동시에 자신의 발전도 추구하는 현명한 사람들이다. 유대인처럼 남을 돕는 것이 곧 자신을 돕는 길이고, 남을 존중하는 것이 자신을 존중하는 길이라는 인식을 배워야 한다. 이렇게 하면 미약한 힘을 더 크고 강한 힘으로 만들 수 있으며, 타인에게 도움을 주는 것은 물론 나에게도 도움이 되는 이익을 얻을 수 있다.

경쟁이
두려운가

경쟁이 두려운가? 경쟁자와 친구가 될 수 있는
가? 대답은 나중에 듣도록 하자. 한 가지 알아둘 것은, 유대인은 결코
이 두 질문에 "아니오"라고 대답하지 않는다는 것이다.

비즈니스 현장에서든 일상생활에서든 우리는 수시로 경쟁자를 만
난다. 경쟁 과정에서 도전을 받거나 같은 이익을 두고 상대방과 충돌
하기도 하고 명예를 다투기도 한다. 이런 상황에서 대부분의 사람들은
심리적 균형을 잃고 경쟁자에게 원한을 품거나 공포, 도피 등 부정적
인 감정을 느끼기 쉽다. 이는 아주 일반적인 심리 현상이다.

하지만 유대인은 이런 심리를 매우 편협한 사유방식이라고 말한다.
보통 당사자는 위기나 투쟁과 같이 경쟁이 주는 부정적인 면만 보기

쉽다. 그러나 경쟁은 신선한 자극제이자 분발의 촉매제다. 유대인은 경쟁을 통해 자신을 향상시키고, 더 크고 더 많은 성과를 거둘 수 있다고 생각한다.

이런 측면에서 볼 때 경쟁자에게 감사해야 할지도 모른다. 경쟁자에게 박수와 격려를 보내야지 경쟁자로 인해 발생할 부정적인 결과를 두려워할 필요는 없다.

──────── 한 동물원에서 더 많은 고객을 끌어들이기 위해 머나먼 아메리카 대륙에서 이가 아주 크고 날카로운 표범 한 마리를 들여왔다. 용맹하고 사납기로 유명한 표범이었다. 보통의 아메리카표범은 하루에 영양 한 마리를 잡아먹지만 이 표범은 세 마리를 거뜬히 잡아먹을 정도였다.

이국에서 온 손님을 위해 동물원 관리자들은 끼니마다 온갖 좋은 먹이를 구해다 정성스럽게 챙겨 먹였다. 뿐만 아니라 관리자들은 표범이 마음 놓고 활동할 수 있도록 커다란 공간을 마련해주었다. 하지만 이런 파격적인 대우에도 불구하고 표범은 온종일 맥이 빠져 있었고, 조금도 즐거워 보이지 않았다.

동물원 관리자들은 이해할 수 없었다. 처음에는 표범이 새로운 환경에 적응하지 못해서 그런 줄 알고 시간이 흐르면 괜찮아질 것이라 생각했다. 하지만 두 달이 지나도 표범은 그대로였다. 심지어 먹이도 먹지 않아 숨이 끊어질 것 같은 위험한 상황에 이르렀다.

살아 있는 보물이 그 지경이 된 모습을 보는 동물원장의 마음은 타들어 갔다. 그는 서둘러 수의사를 불러 진료를 의뢰했다. 하지만 표범에게서는 그 어떤 이상 증세도 발견되지 않았다. 이때 수의사가 한 가지 제안을 했다. 표범이 사는 구역에 호랑이 몇 마리를 풀어놓으면 표범이 기력을 찾을지도 모른다는 아이디어였다.

그의 예상은 적중했다. 호랑이의 출현은 표범에게 경각심을 일으켰다. 호랑이를 실은 차량이 나타날 때마다 표범은 벌떡 일어나 성난 눈으로 노려보았고, 당장이라도 싸울 자세를 취했다. 얼마 지나지 않아 표범은 완전히 활력을 되찾았고, 관리자들은 그제야 한숨 돌릴 수 있었다.

강한 것은 살아남고 약한 것은 죽는 적자생존의 법칙은 대자연의 철칙이다. 경쟁자가 없으면 발전도 없고 강해지지도 못한다. 유대인은 경쟁하는 존재를 두려워한 적이 없으며, 오히려 경쟁을 통해 얻게 될 가치의 상승에 관심이 많다. 경쟁이 자신을 발전시키고 성공도 앞당긴다고 믿기 때문이다.

앞서 돈을 은행에 입금하는 것이 오히려 돈을 벌려는 욕구를 떨어뜨린다고 생각하는 유대인의 사례를 살펴봤다. 마찬가지로 그들은 경쟁자가 없어지면 자극을 덜 받아 발전하려는 욕구가 줄어들 수 있다고 있다고 생각한다. 그렇게 되면 사람들은 활력과 생기를 잃고 현실에 안주하게 되어 쇠락한다고 생각한다. 실제로 경쟁자의 존재는 적지 않은 긍정적인 효과를 가져온다. 심지어 대통령도 경쟁을 통해 이익을 얻는다.

─────────── 미국 역사상 가장 영향력 있고 완벽한 대통령으로 칭송 받는 링컨. 그가 성공할 수 있었던 비결은 탁월한 리더십도 큰 역할을 했지만 새면 체이스 같은 강력한 경쟁자가 있었기 때문이다.

1860년, 대통령에 당선된 링컨은 새면 체이스 상원의원을 재무장관에 기용하기로 한다. 이 결정을 상원의원들에게 말하자 예상 밖으로 많은 사람들이 반대하며 반발했다. 링컨은 이를 이해하지 못했다.

"새면 체이스는 아주 훌륭한 사람입니다. 왜 반대하는 겁니까?"

그 물음에 상원의원들은 이렇게 대답했다.

"새면 체이스는 과대망상증 환자 같습니다. 그는 미친 듯이 최고 권력을 추구하고, 머릿속에는 온통 백악관에 입성하는 꿈밖에 없습니다. 게다가 사석에서 자신이 대통령보다 훨씬 위대하다고 떠벌리기까지 합니다."

그들의 말을 들은 링컨이 웃으며 물었다.

"오, 그럼 저보다 뛰어나다고 생각하는 사람이 또 누가 있는지 당신들은 알고 있습니까?"

그들은 링컨이 왜 이런 질문을 던졌는지 이해하지 못했다. 링컨이 다시 말했다.

"혹시 저보다 뛰어나다고 생각하는 사람을 알게 되면 즉시 알려주시기 바랍니다. 그들을 전부 내각으로 불러 일을 맡길 생각이니까요."

링컨은 새면 체이스를 기어코 재무장관에 임명했다.

실제로 새면 체이스는 훌륭한 인물이었다. 그는 재정 예산과 거시경제 조정 등에서 뛰어난 활약을 했다. 하지만 권력욕이 너무 컸던 그는 링컨이 하는 모든 일에 불만을 느꼈고, 호시탐탐 링컨을 끌어내릴 준비를 하고 있었다.

링컨의 친구들은 새먼 체이스를 면직시키라고 조언했다. 그럴 때마다 그는 껄껄 웃으면서 자신은 새먼 체이스에게 항상 감사하고 있으며 그를 쫓아낼 생각이 전혀 없다고 말했다. 그리고 자신의 말을 이해하지 못하는 친구들에게 이런 이야기를 들려주었다.

"예전에 형제들과 고향 켄터키 주에서 옥수수밭을 일굴 때였습니다. 저는 말을 끌었고 형은 쟁기를 끌었지요. 그 말은 원래 무척 게을렀는데 언젠가부터 날아갈 듯 부지런히 움직였어요. 제가 뛰어가도 따라가지 못할 정도였습니다. 그러다 밭둑 끝에 가서야 커다란 말파리가 말 등에 달라붙어 피를 빨고 있는 모습을 발견했어요. 제가 그 말파리를 잡아 없앴더니 형이 저더러 왜 말파리를 죽였느냐고 묻더군요. 저는 말이 말파리에게 피를 빨리는 것이 불쌍해서 그랬다고 대답했죠. 그랬더니 형이 '말파리 때문에 이 게으름뱅이 말이 빨리 달린 거야. 몰랐어?'라고 묻더군요."

이어서 링컨은 의미심장하게 말했다.

"지금 대통령 욕심에 가득한 말파리 한 마리가 제 등에 앉아 저를 쏘고 있습니다. 저는 언제나 긴장을 풀지 말고 앞을 향해 달려가자고 저 자신을 채찍질합니다. 제 역할을 제대로 잘하겠다고 다짐하기도 합니다. 그렇지 않으면 제 자리를 다른 사람이 대신하게 될지도 모르니 말입니다. 이것이 바로 제가 온 힘을 다해 일에 몰두하는 이유입니다."

새먼 체이스의 존재는 링컨에게 큰 위기감을 심어주었다. 그리고 링컨은 그와의 경쟁을 끊임없이 노력하기 위한 동기 부여로 삼았다. 덕분에 링컨과 새먼 체이스 두 사람은 둘 다 강해졌고, 성공을 위한 기반을 다질 수 있었다.

이 일화에 담긴 의미는 어떤 분야에서도 통용될 수 있다. 유대인은 이런 생각을 자신의 사업에도 적용한다. 그들은 경쟁 상대를 적극적으로 받아들이되 그들의 존재로 인한 위축이나 분노 같은 부정적인 감정은 드러내지 않는다. 그들은 경쟁 상대가 있어서 자신이 위축되거나 해이해지지 않고 언제나 노력한다는 사실을 잘 알고 있다.

경쟁 상대를 대하는
최고의 방법

원원은 협력 파트너끼리만 가능할까? 그렇지 않다. 경쟁자와도 원원이 가능하며, 유대인은 이런 이치를 잘 알고 있다.

『맹자』고자장 하편 15장에는 '출즉무적국외환자 국항망'이라 하여 '밖으로 적국이 없고 외환도 없다면 그 나라는 반드시 망한다'는 구절이 나온다. 프란츠 카프카 역시 "진정한 라이벌은 당신에게 많은 용기를 심어준다"고 했다. 두 구절만 보더라도 경쟁 상대를 잘 대해야 역량을 높이고 생존의 지혜를 얻을 수 있음을 알 수 있다.

비즈니스 업계에는 '같은 업종 사람은 원수'라는 말이 있다. 실제로 그렇다. 같은 업종에 종사하는 사람 사이에는 물고 뜯는 치열한 경쟁이 벌어지기 때문이다. 하지만 유대인은 이를 다른 관점에서도 바라본다. 시장 선점이라는 면에서 볼 때 동종업계에 종사하는 사람은 원수이지만 한 사람이 업계를 독점하는 것은 바람직하지 않다는 관점이다.

유대인은 경쟁자를 배척하지 않는다. 오히려 능동적으로 다가가 상대를 이해하고 배워 '윈윈'이라는 최상의 결과를 얻기 위해 최선을 다한다.

──────── 30년 전, 미국 방송계에서 「워싱턴포스트」와 「워싱턴스타」는 라이벌 관계였다. 1972년 워터게이트 사건을 최초로 보도한 쪽은 「워싱턴포스트」였다. 이에 대한 일종의 징벌 차원에서 닉슨 대통령은 「워싱턴스타」와 독점 인터뷰를 했고, 「워싱턴포스트」 기자들을 백악관에서 쫓아내려 했다. 기회는 그렇게 「워싱턴스타」로 넘어가는 듯했다.

이때 「워싱턴스타」는 백악관을 깜짝 놀라게 할 만한 사설을 발표한다. 더 이상 백악관의 화풀이 수단으로 이용돼 자사의 라이벌과 대치하고 싶지 않다고 밝힌 것이다. 아울러 「워싱턴포스트」 기자들이 백악관에 들어갈 수 없다면 자신들도 더 이상 취재를 하지 않겠다고 선언했다.

경쟁 상대가 없다면 누구도 발전할 수 없다. 경쟁자가 존재하기 때문에 우리는 끊임없이 잠재력을 발굴하고 성장해나갈 수 있다. 유대인은 이미 오래 전에 이런 이치를 깨달았다. 경쟁으로 인한 긍정적인 효과가 부정적인 효과보다 훨씬 크다는 이치를 말이다.

경쟁은 변증법과 같아서 승자의 희극을 연출하기도 하고, 패자의 비극을 연출하기도 한다. 유대인은 경쟁자를 결코 적으로 여기지 않는다. 단지 상대를 냉정하게 관찰하고 자신을 객관적으로 돌아보며, 상대방과 교류하는 과정에서 더 가치 있는 것을 배우고 받아들인다.

하지만 절대 다수의 사람은 이런 인식 자체가 없고 넓은 아량도 갖추지 못했다. 그렇다보니 경쟁자를 긍정적으로 생각하기는커녕 경쟁자의 이름을 듣는 것만으로도 괴로워한다. 자신도 모르는 사이에 아주 복잡한 심경으로 경쟁자를 대하고, 마음속으로 '나를 사지로 모는 사람인데 어떻게 잘 대해줄 수 있겠어?'라고 생각한다.

이것이 평범한 우리와 유대인의 차이다. 어떻게 유대인은 이렇게 생각할 수 있을까? 상대가 나를 없애려고 마음먹었다면 분명히 최선을 다해 자신의 지혜를 쏟아부을 것임을 알기 때문이다. 공교롭게도 경쟁자가 온 힘을 다해 노력할 때가 바로 가장 많은 것을 배울 기회다. 그래서 유대인은 강력한 경쟁자를 만나면 기뻐한다. 라이벌 덕분에 위기감을 느끼고, 살아남기 위해 경쟁력을 키워야 하기 때문이다.

궁합이 잘 맞는 라이벌은 서로에게 둘도 없이 소중한 자원이다. 어떤 의미에서 라이벌은 싸우면서 친해지는 관계다. 이익을 위해 치열하게 다투는 동시에 서로에게 결코 없어서는 안 될 관계이기 때문이다.

경쟁이 최고조에 달하는 시점은 양쪽 모두 가장 잘나갈 때다. 이런 시점에 어느 한쪽이 사라진다면 남은 한쪽도 무너질 수 있다.

경쟁 상대를 인정하는 유대인의 대범함과 넓은 아량을 배워야 한다. 이렇게 해야 더 빨리 성장할 수 있고, 진정한 윈윈을 할 수 있다.

어떤 사람이
인맥 부자가 되는가

아무리 훌륭한 사람도 세 사람의 도움이 필요하다는 말이 있다. 하지만 유대인은 세 명으로는 부족하다고 생각한다. 앞에서 다뤘듯이 그들은 보통 수십 명, 심지어 수천 명씩 모여 협력한다. 단체의 힘을 보여주는 다음 사례를 살펴보자.

──────── 한 미국 과학자가 실험을 했다. 불을 붙인 모기향을 개미집 안에 넣은 뒤 개미들의 반응을 관찰했다. 개미굴 속에 있던 개미들은 처음에는 당황한 듯 허둥지둥하더니 이내 대담한 개미를 선두로 모기향을 가로질러 포위망을 빠져나갔다. 심지어 그들은 달리면서 불을 향해 몸속의 화학 물질인 포름산을 분사했다. 그러나 그 양이

적어서 개미들은 포름산을 다 분사하기도 전에 불에 타죽고 말았다. 용사들의 희생을 보면서 다른 개미들은 겁을 먹기는커녕 오히려 더 많은 수가 이 전투에 뛰어들어 몇 분 만에 불을 꺼버렸다.

얼마간의 시간이 흐른 뒤 과학자는 불을 붙인 촛불을 같은 개미굴에 집어넣었다. 이전보다 훨씬 거센 불길이었다. 하지만 지난 위기를 잘 극복한 개미들은 이번에는 더욱더 단결하여 공동 작전을 펼쳤고, 이번에도 금방 불을 끌 수 있었다.

이것이 바로 단체의 힘이자 협력의 역량이다. 만약 개미들이 개인 플레이를 했다면 결코 불길을 피할 수 없었을 것이다.

유대인은 한 사람의 성공은 그가 무엇을 아는지, 누구를 아는지가 결정한다고 생각한다. 성공하기 위해서는 충분한 지식과 훌륭한 인맥이 필요하다는 의미로, 인맥 형성을 중요하게 생각하는 유대인의 가치관을 엿볼 수 있다. 주위를 살펴봐도 그렇다. 타인의 도움 없이 혼자 힘으로 성공하기는 거의 불가능에 가깝다. 그렇다면 어떤 식으로 인맥을 형성하고 관리해야 할까? 이제부터 인맥을 형성하고 확대하는 유대인의 노하우를 살펴보자.

• 인맥을 기다리지 말고 기회를 만들어라

기회는 스스로 찾거나 만들어야 하며, 준비된 사람에게 찾아온다. 물론 마음의 준비만으로는 부족하고, 직접 행동으로 옮겨야 한다. 다음에 나오는 세 사람의 방식은 행동의 중요성을 확실히 보여준다.

━━━━━━━━━━ 외국계 기업에 다니는 케빈은 자신의 능력이 출중하다고 생각했지만 자신을 알아주는 사람에게 중용되지 못했다. 그는 언젠가 회장을 만나면 그동안 갈고닦은 실력을 보여주겠다고 늘 다짐했다. 일 년 뒤 케빈은 여전히 회장을 기다리고 있었다.

린다 역시 자신의 능력을 보여주고 싶었다. 하지만 그녀는 케빈처럼 무작정 기다리지 않았다. 그녀는 회장이 출퇴근하는 시간을 알아내 엘리베이터 앞에서 기다렸다. 회장을 만나면 인사하기 위해서였다. 일 년 뒤 린다는 팀장으로 승진했다.

유대인 청년 보브는 더 적극적으로 어필했다. 그는 회장의 이력과 현재 관심사, 여기에 확실한 심어줄 수 있는 대사까지 세심하게 준비했다. 보브도 린다처럼 회장이 엘리베이터에 타는 시간을 계산하여 몇 차례 회장과 얘기를 나눴다. 마침내 보브는 회장과 오랜 시간 이야기를 나눌 기회를 잡았고, 회장에게 확실한 인상을 심어주었다. 일 년 뒤 보브는 한 부서의 책임자가 되었다.

• 큰 그물을 던져야 더 많은 물고기를 잡을 수 있다

보험업계에는 보험료율을 산정하는 원칙인 대수의 법칙이 있다. 관찰 횟수가 많을수록 예상되는 손실률 결과가 더욱 안정적으로 바뀐다는 것이다. 쉽게 말해 큰 그물을 던져야 더 많은 물고기를 잡을 수 있다는 의미다. 이 원리를 인맥에 적용하면 아는 사람이 많을수록 친구가 되는 사람의 비율도 높아진다.

─────────────── 세계적인 자동차 판매왕 조 지라드는 한 연설의 마지막에서 단순하지만 인상 깊은 한마디를 남겼다.

"여러분, 이것이 바로 제가 세계 최고의 판매왕이 될 수 있었던 비결입니다. 연설을 그만 마칠까 합니다."

그러면서 엄청난 양의 명함을 보여줬다. 언젠가 지라드는 양복을 펼치다가 실수로 엄청난 양의 명함을 떨어뜨렸는데, 이를 자신의 성공 비결이라 생각해 이날 관중들 앞에서 공개한 것이다.

한 친구는 수천 개의 전화번호를 갖고 있었다. 그는 중요한 기념일이 되면 명함에 적힌 사람에게 무조건 메시지를 보냈다. 가족과 친구들 그리고 중요한 사람에게는 항상 직접 전화를 하여 인사를 전했다. 그가 매년 이렇게 연락하는 데 쓰는 비용은 수십만 원에 달했고, 시간도 많이 들었다. 물론 직접 만나는 경우에는 더 많은 시간을 할애했다. 한 친구가 물었다.

"이렇게까지 유난 떨 필요가 있나?"

의아해하는 친구에게 그는 몇 가지 이야기를 해주었고, 그제야 친구는 고개를 끄덕였다. 얼마 전에 평소에 별로 연락이 없던 몇몇 친구가 6억 원이 넘는 계약을 소개해주었다는 얘기도 덧붙였다.

• 내 친구의 친구가 바로 내 친구다

아는 사람을 통해 소개를 받으면 훨씬 순조롭게 인맥을 넓힐 수 있다. 미국 인적자원관리협회와 「월스트리트저널」이 인사 담당자와 구직자를 대상으로 한 조사 결과도 이를 뒷받침한다.

결과에 의하면 응답자의 95%가 인맥을 통해 인재를 찾았으며, 구직자의 95%가 인맥을 통해 적합한 직장을 찾았다고 한다. 또 인사 담당자의 61%와 구직자의 78%가 인맥이 가장 효과적이었다고 대답했다. 중국의 한 인적자원 정보 제공 사이트의 조사에서도 아는 사람을 통한 소개가 두 번째로 효과적인 구직 방법으로 드러났다.

전화번호부에 기록된 친구와의 관계를 소홀히 하지 마라. 명절에 짧은 안부를 묻는 것만으로도 상대의 마음속에는 당신이 자리하게 될 것이다.

• 단체 활동을 통해 자연스럽게 다가가라

회사를 더 키우고 더 많은 인맥을 쌓고 싶다면 단체에 가입할 필요가 있다. 지나치게 적극적으로 낯선 사람에게 다가서면 오히려 반감을 사거나 거절 당할 확률이 높다. 그러나 사회활동을 통해 자연스럽게 관계를 형성하면 순조롭게 신뢰 관계를 맺을 수 있고 인맥도 확대할 수 있다.

──────────── 톰은 소규모 기업을 운영하는 유대인 사장으로 자신과 수준이 비슷한 사람을 많이 알아두고 싶어 했다. 그래서 그는 한 기관이 주최하는 마케팅 강좌를 신청했다.

강좌를 들으면서 그는 자신과 상황이 비슷한 10여 명의 사장을 알게 되었고, 그중 몇 명과는 개인적으로 연락하는 사이로 발전해 나중에 업무 관계를 맺기도 했다. 나중에 톰은 강좌를 신청한 이유에 대해 사실은 공부를 하기 위함이 아니라 인맥을 넓히기 위해서였다고 솔직히 고백했다.

　사람은 가장 중요한 재산이다. 어떤 순간에도 사람을 간과해서는 안된다. 이 원칙들을 실행에 옮긴다면 당신의 인맥은 분명 개선되고 넓어질 것이다.

○ 유대인 생각공부

유대인은 경쟁자를 적으로 여기지 않는다.
상대를 냉정하게 관찰하고
자신을 객관적으로 돌아보며,
상대방과 교류하는 과정에서
더 가치 있는 것을 받아들인다.

○

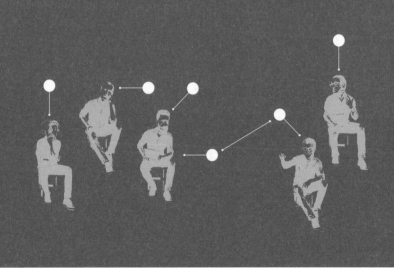

8장

마인드컨트롤과 생각공부

푸른 숲을 남겨두면 걱정이 없다

누가 폐허 속에서
꽃을 피울 수 있는가

비관적인 생각을 한 적이 있는가? 실망하거나 절망한 적이 있는가? 만약 있었다면 이런 감정들이 당신에게 어떤 변화를 일으켰는지 생각해보라.

부정적인 감정은 당사자를 고통스럽게 할 뿐 긍정적인 변화를 일으키지 못한다. 이유는 간단하다. 실망과 위축, 분노와 같은 부정적인 감정으로는 인생의 아름다운 모습을 볼 수 없으며, 적극적으로 일할 수도 없기 때문이다.

유대인은 결코 부정적인 감정에 휘말리지 않는다. 부정적인 감정에 힘을 낭비하지도 않고, 자신의 감정이나 건강을 제어 당하지도 않는다. 그보다는 '나를 믿자', '마지막에 웃는 사람은 나'라며 스스로 마인드 컨트롤을 하거나 상대방을 격려한다.

그렇다면 어떻게 해야 자신을 믿을 수 있을까? 그리고 자신감은 어디서 나오는 걸까? 당연한 말이지만, 자신감은 상당 부분 희망에서 비롯된다. 한마디로 자신감의 원천은 희망이다.

미래에 대한 희망이 있기에 사람은 열정과 끈기를 잃지 않을 수 있고, 창의력을 키울 수 있으며, 기적을 창조할 가능성을 얻는다. 미래를 향한 아름다운 청사진을 그리고 싶다면 유대인처럼 희망을 품고 인생의 길을 묵묵히 걸어가야 한다.

──────────── 네 명의 아들을 둔 한 노인이 있었다. 아들 모두가 행복하게 살기를 바라던 노인은 교훈을 주기 위해 아들들을 한자리에 불렀다. 그러고는 숙제를 줬다. 각각 봄, 여름, 가을, 겨울에 같은 배나무 한 그루를 관찰한 뒤 보고 느낀 점을 함께 나누자는 것이었다.

일 년이 지났다. 네 명의 아들은 각각 다른 계절에 배나무를 본 만큼 느낀 점도 제각각이었다. 막내아들의 이야기까지 다 듣고 난 노인이 말했다.

"너희가 본 배나무의 모습은 한 계절의 모습에 불과하단다. 배나무는 계절마다 모습이 다르지. 살아가면서 힘들고 어려운 일도 있지만 즐겁고 행복할 때도 있는 것과 같은 이치란다. 나무는 언제나 똑같은 나무지만 계절은 항상 바뀐단다. 사람도 마찬가지여서 언제나 똑같은 우리이지만 마음은 계속해서 바뀌는 것과 같지."

아들들은 아버지의 말을 듣고 고개를 끄덕였다. 그것이 자신들에게 남기는 마지막 교훈이라는 사실도 깨달았다. 노인은 아들들이 살아가면서 일시적으로 일이 잘 풀리지 않는다고 주저앉거나 반대로 갑자기 일이 잘 풀린다고 해서 초심을 잃고 오만해지지 말라는 말을 하고 싶었을 것이다.

인생은 사계절과 같아서 만물이 소생하는 봄과 초록이 무성한 여름이 있는가 하면 열매를 맺는 가을과 잎이 시들어 떨어지는 겨울도 있다. 겨울에 어떤 일을 포기한다면 봄에 대한 기대와 여름의 찬란함, 가을의 풍성함을 놓칠 수 있다. 따라서 어떤 한 계절에서 고통을 느꼈다고 해서 다른 계절의 즐거움을 포기해서는 안 된다.

나아가 일시적인 좌절로 인해 미래에 대한 희망을 버려서도 안 된다. 희망을 간직해야만 묵묵히 나아갈 수 있고, 칠흑같이 어두운 곳에서도 길을 계속 더듬을 수 있다. 불행을 치료하는 약은 희망뿐이라고 한 셰익스피어의 말과도 같은 맥락이다.

———————— 2차 세계대전이 끝났을 때 전쟁으로 막대한 피해를 입고 박해를 당한 유대인은 삶의 터전을 송두리째 잃어버렸다. 그들이 살았던 땅은 어디를 가나 폐허였다. 폐허로 바뀐 땅은 전쟁의 잔혹함을 그대로 보여주었고, 그곳에 뿌리내리고 살던 사람들의 마음을 갈기갈기 찢어놓았다.

전쟁 후 상황을 파악하기 위해 몇몇 사회학자들이 현지 조사에 나섰다. 그들은 낡아서 금방이라도 무너질 듯한 집에 사는 많은 유대인을 만났다. 조사 팀을 이끄는 한 학자가 팀원들에게 물었다.

"각자 의견을 말씀해주세요. 과연 이들이 다시 일어날 수 있겠습니까?"

"글쎄요, 지금은 잘 모르겠습니다."

한 팀원이 대답했다.

"아뇨, 이들은 분명히 일어설 겁니다."

그는 매우 단정적인 어조로 팀원의 대답을 정정했다.

이해가 안 된다는 표정으로 팀원이 물었다.

"이유가 무엇입니까?"

학자가 팀원에게 다시 물었다.

"유대인 가정을 다 돌아보셨죠? 그들의 식탁에 무엇이 놓여 있던가요?"

팀원들이 일제히 대답했다.

"꽃이 꽂혀 있는 병이었습니다."

"맞습니다. 이처럼 참담한 재앙을 겪고도 꽃으로 집안을 장식할 수 있는 민족이 세상에 어디 있겠습니다. 그들은 폐허 속에서 보금자리를 다시 만들고 틀림없이 재기할 겁니다."

그 학자의 예측은 적중했다. 참혹함 속에서도 꽃으로 삶을 장식할 수 있는 사람은 항상 낙관적인 사고방식으로 미래에 대해 긍정적인 기대를 품는다. 이런 민족에게 어찌 희망이 없다고 할 수 있겠는가?

개인도 마찬가지다. 우리는 언제 어디서든 예상치 못한 어려움을 마주할 수 있다. 그렇다 해도 삶에서 희망을 떠나보내서는 안 된다. 인간은 희망 속에서 살아가는 존재라는 사실을 한 순간도 잊어서는 안 된다. 가슴속에 희망을 품고 있는 한 역경을 극복하고 운명을 바꿀 수 있다. 그리고 이렇게 할 때 성공도 우리를 버리지 않는다.

　인간은 희망 속에서 살아가는 존재라는 말은 단순하지만 심오한 진리를 담고 있다. 현명하고 강인하며 적극적이고 낙관적인 유대인은 이 진리를 명심하며 살아왔기에 수많은 역경 속에서도 희망과 열정을 잃지 않을 수 있었다. 그리고 이를 통해 잠재력을 발휘하여 세상을 깜짝 놀라게 했다.

쓰러질 것인가,
돌파할 것인가

시련은 언제든 닥칠 수 있다. 밀물과 썰물이 교차하고, 파도가 솟구치고 가라앉기를 끊임없이 반복하는 것처럼 말이다. 그렇다면 굴곡진 인생, 그중에서도 특히 인생의 골짜기를 걷고 있을 때 어떤 자세로 이 어려움을 마주해야 할까? 좌절하여 쓰러질 것인가, 강인하게 정면 돌파할 것인가?

이 점에서 유대인은 가장 할 말이 많을 것이다. 유대인은 삶의 터전을 잃고 전 세계를 떠돌아다니며 고통 받았지만 결국 극복했다. 크게는 한 민족에서 작게는 한 개인에 이르기까지 사람이라면 누구나 고통을 겪으며 강인함을 배워야 하고, 절망을 통해 다시 일어서는 법을 터득해야 한다. 그렇게 해야만 후회를 줄이고, 지금보다 더 찬란한 삶을 살 수 있다.

나딘 고디머는 세계적으로 유명한 유대인 작가로, 유대인이 자랑으로 삼는 인물이다. 1991년 그녀는 노벨문학상을 받았다. 하지만 그 영예를 안기까지 그녀가 흘린 수많은 피와 땀을 아는 사람은 그리 많지 않다.

──────────── 고디머는 1923년 남아프리카공화국의 요하네스버그 근교에 있는 작은 탄광촌에서 태어났다. 아버지는 유대인 후손이었고, 어머니는 영국인이었다. 보석상을 하는 아버지 덕에 비교적 유복한 집에서 부족함 없이 자란 그녀는 미래에 대한 희망과 동경으로 가득했다.

하지만 고디머는 몸이 약했고 자주 병에 시달렸다. 여섯 살 무렵, 발레 배우가 되는 꿈을 꾸던 그녀는 작은 극단에 들어가 본격적으로 발레를 배웠다. 하지만 몸이 약한 탓에 발레처럼 많은 에너지를 소모하는 운동은 그녀에게 적합하지 않았고, 결국 꿈을 접어야 했다.

뿐만 아니라 더 이상 정규 교육도 받을 수 없었다. 그때 나이가 겨우 여덟 살이었다. 학교를 떠나 집에만 머물게 된 고디머는 우울함을 달래기 위해 책을 읽으며 시간을 보냈다. 서서히 책에 빠져든 고디마는 독서를 가장 친한 친구로 삼게 되었다.

어느 날 집 근처에서 도서관을 발견한 고디머는 비로소 자신의 삶에서 가장 의미 있는 즐거움을 찾게 되었다. 문학, 철학, 자연과학 할 것 없이 다양한 분야의 책을 읽었는데, 그중에서도 특히 문학에 매료됐다.

이후 고디머는 아직 어린 나이였지만, 자신의 감정을 글 속에 담아내기 위해 습작을 시작했다. 그렇게 열다섯 살에 생애 첫 소설을 완성했고, 지역의 한 문학잡지에 발표하는 행운까지 얻었다. 그리고 작품이 독자들에게 호평 받으면서 본격적으로 작가로서의 삶을 살게 되었다. 그 후 고디머는 『프라이데이의 발자국』으로 스미스 문학상을 받았고, 『가버린 부르주아의 세계』, 『이방인들의 세계』, 『명예로운 손님』으로 호평을 받으며 노벨문학상 후보에 꾸준히 올랐다.

하지만 그녀는 최종 관문을 넘지 못하고 번번이 고배를 마셔야 했다. 이런 경험은 그동안 승승장구하던 그녀에게는 크나큰 충격이자 시련이었다. 당시 고디머는 매우 실망한 나머지 남은 생애 동안 노벨문학상은 받지 못할 것이라며 아예 펜을 놓으려고 했다. 하지만 짧은 순간 찾아온 부정적인 감정을 극복했고, 고디머는 다시 예전처럼 왕성한 작품 활동을 했다.

그녀는 노벨문학상을 자신의 목표로 설정했으며, 심지어 자신이 쓴 작품 앞면에 '나딘 고디머, 노벨문학상(실패)'라고 적어놓았다. 이런 식으로 그녀는 자신을 격려하고 용기를 북돋웠다. 그리고 여섯 차례의 노벨문학상 지명 끝에 1991년 드디어 꿈에 그리던 노벨문학상 수상자가 되었다.

질병과 학업 중단, 수상 실패 등으로 숱한 고통을 겪었지만 고디머는 결코 쓰러지거나 주저앉지 않았다. 그녀는 강인함과 굳은 의지로 시련과 좌절을 이겨냈고, 그 결과 희망이 보이지 않는 인생의 골짜기에서 벗어났다.

나딘 고디머의 경험을 통해 유대인의 강인한 정신과 불굴의 의지를 엿볼 수 있다. 그들은 인생이라는 여정에서 겪게 되는 일시적인 좌절이 결코 열정을 꺾을 수 없다는 사실을 잘 알고 있다. 끝까지 노력하고 절대로 포기하지 않는다면 가시덤불 속에서도 성공으로 향하는 길을 찾아낼 수 있다.

여기, 좀 더 충격적인 이야기가 있다. 존 쿠티스의 일화를 읽고 나면 앞서 소개한 나딘 고디머보다 훨씬 더 강인한 자세와 굳은 의지를 엿볼 수 있을 것이다.

──────────── 존 쿠티스는 전 세계적으로 유명한 희망 전도사다. 하지만 그가 태어났을 때 아이를 받은 간호사와 의사는 충격에 휩싸였다. 캔 음료수 정도밖에 안 될 만큼 보통 아이들보다 훨씬 작았기 때문이다. 게다가 두 다리는 기형에 항문도 없었다. 무사히 자라는 것은 고사하고 생존할 수 있을지조차 불투명했다. 의사도 거의 포기한 채 아이의 부모에게 아이가 너무 약하게 태어나 오늘을 넘기기 어려울 듯하니 마음의 준비를 하라고 말했다.

아이의 부모는 무척 슬펐지만 현실을 받아들일 수밖에 없었다. 그들은 의사의 지시대로 아기 옷과 작은 관, 무덤을 준비했다. 하지만 존 쿠티스는 그때까지도 생명을 유지하고 있었다. 그럼에도 의사는 부모에게 큰 기대를 갖지 말라고 하며 냉정하게 덧붙였다.

"아직은 살아 있지만 일주일을 넘기지 못할 겁니다."

일주일이 지나갔다. 아이의 부모는 아들을 데리고 집으로 돌아가 존 쿠티스라는 이름을 지어줬다. 그리고 아이를 하느님이 주신 최고의 선물로 여기며 최선을 다해 기르겠다고 다짐했다.

그 후 부모는 이루 말할 수 없는 고통과 역경을 견뎌야 했다. 아이의 몸이 너무 작다 보니 주변의 모든 물건이 크게 느껴져 늘 불안하고 조마조마했다. 심지어 집안의 강아지마저 이 꼬마 장난감을 우습게 여겼다.

존 쿠티스의 부모는 눈앞에서 펼쳐지는 기막히고 암담한 현실에 속이 바짝바짝 타들어 갔지만 그렇다고 뾰족한 방법이 있는 것은 아니었다. 어려움 속에서도 존 쿠티스의 아버지는 아들이 두려움을 이겨낼 수 있도록 늘 격려했다.

"두렵니? 그러면 그 두려움에 용감히 맞설 수 있는 강인함을 배우도록 하렴."

그러고는 강아지에게서 어린 아들을 몇 시간 동안 떼어놓았다. 이것이 아버지가 어린 아들에게 행한 첫 번째 수업이었다.

학교에 들어갈 나이가 되었고, 존 쿠티스도 다른 친구들과 마찬가지로 학교에 입학했다. 또래에 비해 키가 훨씬 작은 존 쿠티스는 끊임없는 시련과 부딪쳐야 했다. 장난꾸러기 친구들이 왜소한 그를 마치 장난감 다루듯 놀리고 괴롭혔기 때문이다. 괴롭힘을 당한 존 쿠티스는 눈물을 삼키며 주변의 모든 것에 강인하게 맞서겠다고 다짐했다.

열일곱 살 때 그는 다리를 절단하는 수술을 받았다. 걷기조차 불편했던 두 다리가 없어지자 존 쿠티스의 몸은 더욱 왜소해졌다. 하지만 행동은 전보다 훨씬 자연스러웠다.

고등학교를 마친 존 쿠티스는 경제적으로 독립하기 위해 시내의 점포들을 돌아다니며 일자리를 찾았다. 하지만 사람들은 왜소한 체구의 그를 보며 냉정하게 고개를 저었다. 수없이 많은 냉대와 거절을 당했지만 존 쿠티스는 낙심하지 않았다. 그리고 드디어 한 잡화점에서 처음으로 일할 기회를 얻었다.

행동이 느리고 몸이 불편한 그는 남들이 다 자는 새벽 4시에 일어나야 했다. 기차를 타고 직장과 가까운 역에 내린 뒤 스케이트보드로 갈아타고 수 킬로미터를 더 달려야만 그가 일하는 공장에 도착할 수 있었다. 무척 힘들었지만 존 쿠티스는 자신의 힘으로 살아갈 수 있다는 생각에 만족했다.

비장애인에 비해 몸 크기가 절반 정도밖에 안 됐지만 그는 스포츠를 무척 좋아했다. 열두 살 때는 실내 크리켓과 휠체어 럭비를 배웠고, 역도도 좋아했다. 두 다리가 없는 만큼 상체를 오랫동안 단련한 덕에 팔과 어깨 힘이 굉장했다.

1994년, 존 쿠티스는 호주 장애인 테니스 경기에서 우승했다. 2000년에는 호주 스포츠 기관에서 주는 장학금을 받았고, 전국 건강 역도 대회에서 2등을 차지했다. 크리켓과 럭비 종목에서 2급 코치 자격증도 취득했다. 그의 의지와 강인한 정신은 많은 사람들을 감동시켰다.

어느 날 존 쿠티스는 사람들에게 자신의 이야기를 들려줄 기회를 얻었다. 객석을 가득 메운 청중은 그의 강인한 의지에 크게 감동받았고, 심지어 한 여자아이는 자살하려던 계획을 포기했다. 이날 강연을 계기로 존 쿠티스는 자신의 가치를 다시 깨달았다. 그리고 생애에 걸쳐 가장 큰 결심을 하기에 이른다.

'무대에 올라가 내가 겪은 일들을 세상 사람들에게 얘기해야겠다. 고군분투하며 현실에 맞서 처절하게 살아온 경험을 알려 다른 사람들의 인생에 가르침을 주고 싶어.'

그 후 존 쿠티스는 세계 각지를 돌아다니며 강연을 하고 있다. 190여 개 국가를 돌아다니며 800회가 넘는 강연을 통해 실의에 빠져 있는 수많은 이들에게 용기와 희망을 주고 있다.

존 쿠티스가 겪은 역경에 공감하는 사람이라면 마음의 울림을 느낄 것이다. 평범한 비장애인의 눈에는 어떤 일도 해낼 수 없어 보이는 반쪽짜리 인간이 강인한 의지와 튼튼한 두 팔로 삶의 골짜기에서 벗어났다. 충격과 감탄, 존경 말고 그 어떤 말로 이를 표현할 수 있겠는가?

사람은 누구나 부족한 부분이 있고, 살아가면서 많은 실수를 저지른다. 결함이나 부족함이 느껴질 때는 나딘 고디머와 존 쿠티스를 떠올려보라. 이들처럼 스스로를 신뢰할 수 있어야 한다. 강인한 의지와 낙관적인 마음만 있다면 인생의 골짜기에서 벗어나 최고의 순간을 맞볼 수 있다.

푸른 숲을 남겨두면
땔나무 걱정이 없다

어떤 어려움 앞에서도 위축되거나 기죽지 않는 유대인의 정신과 패기는 매우 존경스럽다. 이런 긍정적인 모습은 유대인이 언제 어디서나 고수해온 신념인 선민사상, 즉 시오니즘에서 비롯됐다. 그들은 자신들이 하느님에게 선택된 민족이라는 신념을 갖고 싸우면 언젠가 승리할 수 있다고 굳게 믿었다. 삶이 있는 한 희망은 있다는 기백과 용기를 가지고 싸운 결과 오늘날 유대인은 세계인의 존경을 받고 있으며, 지혜와 부유함, 강인함의 대명사가 되었다.

'푸른 숲을 남겨두면 땔나무 걱정이 없다'는 중국 속담이 있다. 이 말에는 심오한 진리가 담겨 있다. 상황의 어려움을 깨닫고 한 발 뒤로 물러설 줄 아는 것은 용기이지 결코 비겁한 것이 아니다. 훗날을 위해

여지를 남겨두는 지혜를 갖춘 사람은 나중에 더 큰 성공을 거둔다. 이 것이 유대인의 지혜다.

─────────── 숯을 만들어 파는 노인에게 두 명의 아들이 있었 다. 평소 두 아들이 미덥지 않았던 노인은 세상을 떠나기 전 나무가 빽 빽한 서쪽 언덕은 작은 아들에게, 나무가 적은 동쪽 언덕은 큰 아들에 게 주었다.

서쪽 언덕에는 질 좋은 숯을 만들 수 있는 나무가 많았다. 근면하고 성 실한 작은 아들은 매일 언덕에서 나무를 베어 숯으로 만든 뒤 시장에 내다 팔아 풍족한 삶을 살았다.

몇 년 뒤 나무를 다 베어 서쪽 언덕의 나무가 없어지자 작은 아들은 그 자리에 곡식을 심었다. 하지만 날씨 변화를 예측하지 못해 낭패를 보 고 말았다. 몰아친 폭풍우에 힘들게 심어놓은 곡식이 휩쓸려 내려가 먹을 것이 없어지자 동생은 형에게 달려갔다.

큰 아들은 멀리 내다보고 계획을 세울 줄 아는 인물이었다. 동쪽 언덕 에는 나무가 적었던 만큼 큰 아들은 먼저 목재로 사용하기 부적합한 나무를 베어냈다. 그러고는 숯으로 만든 뒤 빈 자리에 다시 묘목을 심 었다. 이어서 언덕 아래 황무지를 개간하여 밭으로 일구거나 소와 말 에게 먹일 사료 작물을 재배했다. 큰 아들은 비록 처음 몇 해는 가난하 게 살았지만 묘목이 점점 자라고 작물 또한 잘 자라 가축 수가 점점 늘 어나면서 형편이 좋아졌다. 큰 폭풍우가 몰아쳤지만 나무가 보호막 역 할을 해주어 곡식에는 아무런 피해가 없었다. 동쪽 언덕에서는 이렇게 모든 일이 순조로웠다.

형을 찾아간 동생이 비결을 물었다. 그 말에 형은 동생에게 의미심장한 대답을 남겼다.

"먼저 산을 잘 키워야 산도 푸르고 물도 맑아지는 거야. 산을 먹기만 하고 키우지 않는다면 자연히 산도 없어지고 물도 없어지고 말지."

동생은 성실히 노력할 줄밖에 몰랐지만 형은 이성적인 머리와 과학적인 재배법을 터득하여 큰돈을 벌었다. 반대로 동생은 나무만 보고 숲은 보지 못한 결과 실패하고 말았다.

일상생활에서든 업무에서든 어려움은 항상 존재한다. 이때 주변 상황을 정확히 파악하고 대처해야만 역경을 극복할 수 있다. 만일 현재 상황에서 역경 극복을 위해 새로운 조건을 충족시켜야 하는 경우라면 어떻게 해야 할까? 유대인은 그 일을 잠시 접어둔 채 필요한 조건을 충족시키는 일에 몰두한다. 필요 조건이 충족되고 난 뒤에 다시 그 일을 시작해도 늦지 않는다고 생각하기 때문이다. 푸른 숲을 남겨두면 땔나무 걱정이 없다는 말의 진짜 의미는 숲을 내버려두라는 뜻이 아니라 숲을 유지하기 위해 열심히 갈고닦으라는 뜻이다.

포기하는 것도
지혜다

지금까지 유대인의 강인함과 끈기, 쉽게 쓰러지지 않는 모습에 관해 많이 얘기했다. 하지만 이는 어디까지나 그들이 미래를 긍정하고 희망을 발견한 경우에만 해당한다. 결과가 별로 좋지 않으면 그들은 더 이상 쓸데없는 노력과 돈, 시간을 투자하지 않는다.

어떤 사업에 투자하기로 했을 때 유대인은 일반적으로 단기, 중기, 장기의 3단계 계획을 마련한다. 단기 계획을 시행한 결과 실제 상황이 최초의 예상과 차이가 날 경우에도 그들은 동요하거나 놀라지 않는다. 원래 계획대로 적극적으로 밀고 나간다.

단기 계획이 끝나면 중기 계획을 시행하는데, 이때도 유대인은 투자를 지속하며 어떻게든 각 단계의 계획을 성사시키려고 애쓴다. 하지만 중기 계획이 상당 부분 진행된 뒤에도 처음에 예상했던 만큼 효과가 나오지 않으면 그들은 추가 투자를 중단한다. 왜일까? 이렇게 하는 것이 현명하다고 생각하기 때문이다. 장기간의 고통보다는 단기간의 고통을 감수하는 편이 더 낫고, 희망 없는 투자는 깨끗이 포기하는 것이 낫다. 그 시간과 힘, 금전을 다른 계획에 투자하는 것이 더 바람직하다고 생각하는 것이다.

안타깝게도 많은 사람들이 이런 과감함과 지혜가 부족하여 적절한 시점에 손절할 줄 모른다. 예측했던 상황과 한참 달라진 것을 알면서도 요행 심리를 버리지 못해 사정이 좋아지기만을 기다린다.

──────────── 부동산 사업을 하는 비스만은 몇 년 전 도시 외곽에 있는 부지를 매매했다. 저렴한 가격에 부동산을 샀다는 생각에 매우 만족스러웠다. 그는 그곳에 두유 가공공장을 만들 계획을 세웠다. 적은 투자로 고소득을 올릴 수 있는 업종인 만큼 분명 성공할 것이라고 확신했다.

하지만 결과는 그의 예상보다 훨씬 나빴다. 공장을 세울 때부터 적자가 나기 시작했고, 그 규모는 계획보다 훨씬 컸다. 하지만 중간에 포기할 수 없었던 비스만은 몇 차례에 걸쳐 수백만 달러를 더 투자했다. 곧 어려움을 극복하고 예상했던 이익을 거둘 수 있을 거라 기대했다. 하지만 그 과정에서 또다시 수십만 달러를 허공에 날리고 말았다.

설비가 노후되어 생산성과 품질이 떨어진다고 판단한 비스만은 수백만 달러를 들여 독일제 첨단 설비를 들여왔다. 하지만 현실과 이상의 격차는 컸고, 손실은 더욱 커져갔다.

현지의 두유 시장은 이미 포화 상태였다. 게다가 그의 회사는 문을 연지 얼마 안 된 데다 브랜드 경쟁력이 전혀 없었다. 지금이라도 포기할까 생각했지만 거액을 투자한 만큼 그동안의 노력을 물거품으로 만들 수는 없었다.

기사회생을 노리며 비스만은 또다시 수백만 달러를 공장에 쏟아 부었다. 하지만 추가 투자금 역시 아무런 이익도 안겨주지 않았고, 말 그대로 밑 빠진 독에 물붓기로 끝나고 말았다. 결국 비스만은 자산을 모조리 탕진했고, 파산 신청을 할 수밖에 없었다.

비스만은 왜 엄청난 자금을 투자하고도 파산했을까? 치명적인 실수를 했기 때문이다. 문제의 본질이 어디에 있는지 제대로 살피지 않은 탓이다. 투자할 때는 발생할 수 있는 위험을 미리 판단해야 하는데, 그는 고집과 근거 없는 희망을 놓지 않았고 그로 인해 결국 파국으로 내몰렸다. 만약 그가 적절한 시점에 포기할 줄 알았더라면 그런 참담한 파국을 맞이하지는 않았을 것이다.

유대인의 눈으로 보면 이런 상황은 이해되지 않을 것이다. 그들은 장사의 근본 목적은 돈을 버는 것이기 때문에 체면이나 명예는 부차적이거나 불필요한 것이라고 여긴다. 자신이 하는 사업이 합법적이고 바람직하더라도 돈을 벌기가 여의치 않거나 실제 수입이 예상보다 훨씬 적으면 결코 밀어붙이지 않는다. 이런 고집과 끈기는 막대한 손해만 끼칠 뿐이라는 걸 잘 알기 때문이다.

─────────── 한 유대인 사업가가 언론 매체와의 인터뷰에서 자신의 성공 비결에 대해 이렇게 말했다.

"첫 번째 비결은 끈기이고, 두 번째 비결도 끈기이며, 세 번째 비결 역시 끈기입니다."

이 말에 한 기자가 질문을 던졌다.

"혹시 네 번째 비결도 있습니까?"

기자의 질문에 청중들 사이에서 웃음이 터져 나왔다. 모두가 이 기자의 기지와 유머에 흡족해했다. 약간 엄숙하고 가라앉아 있던 분위기도 한층 밝아졌다. 그 말에 유대인 사업가가 대답했다.

"만약 네 번째 비결이 있다면 과감하게 포기하는 것입니다."

이 말에 청중석은 일제히 조용해졌다. 그러고는 사업가의 말에 귀를 기울였다.

"만약 끈기 있게 했는데도 여전히 성공하지 못했다면 그것은 당신이 노력하는 방향에 문제가 있기 때문입니다. 성공하기에는 당신의 재능이 부족하기 때문일 수도 있습니다. 만약 이런 경우라면 포기하는 것이 가장 현명한 선택이 될 수 있습니다. 더 늦기 전에 생각을 바꿔 새로운 방향을 찾아야 합니다."

이 유대인 사업가의 말처럼 열심히 노력했는데도 여전히 성공과 거리가 멀다면 방향이 올바른지 점검해야 한다. 서울에서 부산까지 가려면 남쪽으로 가야 하는데 혹시 북쪽으로 가고 있지는 않은지 확인해보라. 잘못된 방향을 제때 수정하지 않으면 결코 목적지에 도착할 수 없다.

─────────── 제임스는 한때 악습에 물든 젊은이였다. 온종일 빈둥거리며 놀러 다니고 돈을 물 쓰듯 썼다. 흥청망청한 끝에 그는 아버지가 물려준 유산을 다 써버렸고, 먹고살기 위해 어쩔 수 없이 일을 찾아야 했다.

그는 형에게 돈을 빌려 작은 제약회사를 차렸다. 그러고는 공장에서 직접 생산과 판매를 담당하며 새벽부터 밤늦게까지 18시간씩 일했다. 공장에서 벌어들인 돈은 조금씩 저축하여 공장을 늘리고 제품을 재생산하는 데 투자했다. 이렇게 노력한 결과 몇 년 지나지 않아 제임스의 회사는 어느 정도 규모를 갖추었고, 연간 수익도 수십만 달러에 달하게 됐다.

이 정도만으로도 제임스의 사업은 웬만큼 자리를 잡았다고 할 수 있다. 하지만 제임스는 여기에 만족하지 않았다. 그는 시장조사 결과를 분석하고 연구한 끝에 제약 시장의 전망이 밝지 않다는 결론을 내렸다. 반면 식품 시장은 비전이 있다고 판단했다.

심사숙고 끝에 그는 제약 회사를 매각하고 식품 회사를 차리기로 했다. 다른 유대인들처럼 일단 결정하면 즉시 실행하는 것이 제임스의 업무 스타일이었다. 그는 사탕과 비스킷 같은 간식류를 생산하면서 담배 사업도 겸하는 식품 회사를 지분 매입 방식으로 인수했다. 규모는 크지 않았지만 취급하는 품목이 다양했다.

회사를 인수한 제임스는 기존의 경영 방식과 마케팅 전략을 송두리째 바꿨다. 가장 먼저 제품의 규격과 디자인을 확대했다. 사탕류는 초콜릿과 껌 등으로 품종을 다양화하고, 비스킷은 품종을 늘리는 동시에 어린이용, 성인용, 노인용으로 세분화했다. 케이크도 종류를 늘렸다. 홍보 마케팅에도 힘썼다. 먼저 프랑스 파리와 주변 도시에 분점을 냈고, 나중에는 유럽 여러 나라에 분점을 개설하여 거대한 네트워크를 구축했다. 업무량이 증가하고 자금 규모가 커졌지만 제임스는 기민하게 대응했다. 그 결과 영국과 네덜란드의 몇몇 식품 회사를 인수, 거대한 식품 그룹을 형성했다.

만약 제임스가 제약 회사를 통해 경영하여 벌어들인 수익에 만족했다면 훗날 거대한 식품 그룹을 소유할 수 없었을 것이다. 그가 성공할 수 있었던 가장 핵심적인 이유는 소규모 제약 회사의 전망이 그리 밝지 않다는 이성적이고 합리적인 분석, 그리고 이 분석을 바탕으로 제약 회사를 과감히 접고 식품업으로 전환한 데 있다. 적절한 시점에 포기하고 다른 것을 선택함으로서 더 큰 부를 이뤄낸 지혜가 빛난다. 적절한 시점에 포기할 줄 아는 것은 용기이자 지혜다.

유대인은
비관적인 성격과 친하지 않다

누구나 많은 돈을 벌고 싶어 하지만 쉽게 벌지 못한다. 정말로 많은 돈을 버는 사람은 소수이며, 유대인은 그 소수 가운데서도 또 소수다. 그래서 우리는 유대인을 똑똑하다고 입을 모아 말하는지 모른다.

그들은 확실히 똑똑하다. 그런데 유대인보다 지능지수가 높은 민족은 무수히 많다. 하지만 그들은 유대인처럼 부를 거머쥐지 못한다. 이 점만 보더라도 부를 축적하려면 똑똑한 두뇌 말고도 기회와 운 같은 다른 조건이 맞아야 한다는 사실을 알 수 있다. 그중에서도 특히 간과하는 것이 있는데, 바로 유대인의 심리 상태다.

계속 말했지만 유대인은 돈 버는 것을 중요하게 여긴다. 하지만 그들은 돈 버는 과정 자체를 즐기는 것이 더 중요하다고 생각한다. 그래서 돈을 벌기 위해 끊임없이 노력하며, 일시적으로 실패하더라도 포기하거나 위축되는 일이 없다. 이런 낙관적인 심리 덕분에 유대인은 치열한 비즈니스 전쟁에서 종횡무진 활약하고 있다.

──────────── 고대 유다왕국에 하산이라는 상인이 있었다. 처음에는 소자본으로 거래하다가 돈을 모아 쉰 무렵에는 마침내 백만장자가 되었다. 하지만 좋은 시절은 오래가지 않았다. 사업이 조금씩 기울기 시작하더니 결국 엄청난 빚까지 지게 되었다. 빚을 갚기 위해 하산은 가지고 있던 집과 땅 등 돈이 되는 것은 죄다 팔았다.

불행은 홀로 오지 않는다는 말처럼 사업 실패에 이어 아내마저 세상을 떠나고 말았다. 한순간에 몰락하여 참담한 나날을 보내던 하산은 비관적인 생각과 빈곤을 견디지 못해 고향을 등지기로 마음먹었다.

눈보라가 휘날리던 겨울밤, 하산은 비틀거리며 정처 없이 걸었다. 정신을 차려보니 황량하고 외진 마을에 도착해 있었다. 그러나 마을 사람 누구도 그를 반겨주지 않았고, 실망한 하산은 발걸음을 옮겼다.

한참을 걸은 끝에 하산은 다 쓰러져 가는 움막 하나를 발견했다. 피로했던 그는 움막에 들어가 정신없이 곯아떨어졌다.

다음 날 아침, 잠에서 깬 하산은 마을 전체가 이상하리만큼 조용하다는 것을 느꼈다. 무슨 일이라도 생겼는지 알아보기 위해 마을로 간 그는 놀라운 광경을 목격했다. 마을은 온통 쑥대밭이 되었고, 곳곳에 시체가 널려 있었다. 도적 떼가 나타나 마을을 온통 휘저었음이 분명했다. 이 광경을 본 하산은 만감이 교차했다.

'평범한 삶을 살았던 마을 사람들이 예상조차 하지 못한 재난으로 삶의 보금자리를 잃고 목숨을 빼앗겼구나. 반면 세상에서 가장 불행하다고 여겼던 나는 털끝만큼도 다친 데 없이 이 마을에서 유일하게 살아남았다. 비록 평생 힘들게 번 돈을 다 날렸지만 목숨은 붙어 있지 않은가. 살아 있는 한 돈은 다시 벌면 되지만 목숨을 잃으면 돈 버는 즐거움을 누릴 기회조차 사라지는 게 아닌가.'

생각이 여기에 미치자 긴 숨이 나왔다. 하산은 온몸에 다시 힘이 솟는 것을 느끼며 고향으로 돌아갔다. 집으로 돌아간 그는 친구에게 돈을 빌려 다시 장사를 시작했다. 그리고 몇 년 뒤 재기에 성공한 그는 다시 큰돈을 벌어 부유한 상인이 되었다.

하산은 한때 평생 모은 돈을 다 잃고 빈털터리가 됐지만 충격적인 사건을 계기로 삶의 의미를 깨달았다. 그리고 이 일을 통해 다시 용기와 자신감을 얻어 재기에 성공했다. 하산의 이야기를 통해 유대인의 적극적인 심리를 엿볼 수 있다.

항상 일이 순조롭게 풀리는 사람이 몇이나 되겠는가? 살다 보면 누구나 어려움과 우여곡절을 겪을 수밖에 없다. 이럴 때일수록 비관적인 생각을 버리고 낙관적인 생각을 가져야 한다. 긍정적인 마인드는 재기의 든든한 발판이다.

폴 뉴먼에게는
한계가 없었다

성공을 추구하는 과정에서 우리는 끊임없이 무언가를 뛰어넘어야 한다. 유대인은 그중에서 가장 뛰어넘기 어려운 존재를 자기 자신이라 생각한다. 길고 긴 인생에서 크고 작은 좌절이나 역경을 만났을 때 끊임없이 자신을 뛰어넘으려는 용기와 자신감이 있다면 일시적인 시련에 무너지거나 성취에 자만하지 않을 수 있다. 그리고 이렇게 할 때 성공이라는 최종 목표에 도달할 수 있다.

──────── 빅스는 MIT 공과대학을 졸업한 뒤 석유를 탐사하는 일에 종사했다. 구식 탐사봉과 자력계, 전류계, 파형기, 진공관 등을 결합하여 새로운 계기를 만들어본 경험이 있던 빅스는 미래에 대한 자

신감으로 충만했다.

서부 사막에서 몇 개월째 일하고 있던 빅스는 어느 날 나쁜 소식을 듣게 되었다. 빅스가 다니는 회사가 채무를 제때 상환하지 못해 부도가 났다는 소식이었다. 졸지에 실업자가 된 빅스는 짐을 정리하여 집으로 돌아갈 준비를 했다.

돌아가는 길에 그는 오클라호마 역에 도착했다. 기차가 오려면 몇 시간을 더 기다려야 했다. 무료함을 달래기 위해 그는 자신이 개발한 탐사기를 조립하면서 시간을 보냈다.

탐사기를 가지고 놀던 그 짧은 시간, 빅스는 탐사기에 표시된 수치를 통해 역 지하에 석유가 매장되어 있다는 사실을 발견했다. 하지만 회사의 부도 소식에 의기소침해 있던 빅스는 이 사실이 믿기지 않았다. 탐사기에 표시된 수치를 보면서도 절대로 사실일 리가 없다고 생각했다. 기차에 오르기 직전 빅스는 자신이 개발한 신형 계기를 모두 부숴버렸다. 이 계기와 함께 그가 성공할 수 있는 기회도 날아가고 말았다.

나중에 밝혀진 바에 의하면, 오클라호마 시의 지하에는 단순히 석유가 존재하는 정도가 아니라 미국 전체에서 가장 많은 양의 석유가 매장되어 있었다. 하지만 빅스는 자신을 뛰어넘을 수 있는 적극적인 마인드를 갖고 있지 않았고, 그로 인해 자신의 것이 될 수도 있었던 성공의 기회를 놓치고 말았다.

실업자가 되었다는 부정적인 느낌에서 벗어나지 못한 빅스는 미래에 대한 자신감을 상실했다. 이는 상황을 역전시키고 성공을 거둘 수 있는 절호의 기회를 스스로 차버리게 만들었다.

　인간에게 가장 큰 적은 다름 아닌 자신이며, 자신을 뛰어넘는 과정은 스스로를 자각하는 과정이다. 유대인은 이를 두 가지 측면에서 이해한다. 첫째, 사람은 누구나 타인을 주시하면서 상대방의 모든 것을 꿰뚫어본다고 여기지만 사실은 자기 자신조차 제대로 알지 못하고, 자신의 능력과 장점을 파악하지 못한다는 것이다. 그래서 실패를 반복한다. 둘째, 사람은 상대방이 무엇을 간절히 원하는지 알고 싶어 하며, 상대방이 자신의 생각을 행동으로 옮길 수 있는지를 유심히 지켜본다는 것이다.

　자신을 완벽히 제어하고 스스로를 뛰어넘는 사람은, 이른바 무적의 경지에 이르렀다고 할 수 있다. 바꿔 말해 인생이 전쟁터라면 당신은 그 전쟁의 강력한 적군이다.

──────────　리처드는 기품 있고 현명한 유대인 사장이었다. 수년간 사업을 운영하면서 용감하게 도전하고 끊임없이 기존의 것을 뛰어넘으려고 노력했다.

사색을 즐기는 리처드는 어릴 때부터 '이 사회에 살고 있는 사람들은 과연 어떤 가치를 가지고 있을까?'를 오랫동안 고민했다. 고민 끝에 '삶을 영위하고 있다'는 답을 얻었다. 리처드는 계속해서 또 다른 문제를 고민했다.

'그럼 내가 삶을 잘 영위하고 있다는 것은 어떻게 확인할 수 있을까?'

그는 다양한 일에 도전하고 싶었다. 끊임없이 자신을 뛰어넘고, 크고 튼튼하게 사업을 펼쳐나가고 싶었다. 이것이야말로 '살아 있는 의미'라고 생각했다.

자신이 생각한 것처럼 리처드는 열정적으로 사업에 매진했다. 조그마한 유리 가게로 시작한 사업을 철근 콘크리트, 건축 자재, 가구 등을 포함한 가구건축자재 종합매장으로 확장했다. 하지만 그는 여기에 그치지 않고 부동산 사업에 뛰어들 계획도 갖고 있었다. 그렇게 되면 새로운 도전이 시작되기 때문이었다. 리처드는 계획대로 실행했고, 자신의 꿈에 계속 가까워졌다.

리처드가 사업을 발전시킬 수 있었던 원동력은 끊임없이 자신을 뛰어넘으려는 노력에 있다. 무엇인가 갖고 싶은데도 도전하지 않는다면 여전히 갈망 단계에 머물 수밖에 없다. 반대로 리처드처럼 갈망하는 것이 있을 때 단순히 갈망에 그치지 않고 이를 실행하는 사람은 목표에 한층 더 가까워질 수 있다. 생각만으로는 어떤 것도 이룰 수 없다. 행동해야만 의미가 있다.

"다른 사람이 너를 쓰러뜨린 것이 아니라 네가 네 자신을 쓰러뜨린 것이다. 왜냐하면 너에게 부족한 것은 자신을 뛰어넘으려는 기백과 지혜이기 때문이다."

이 말처럼 인생에서 가장 큰 적은 바로 자기 자신이며, 모든 역경의 출발점도 내 마음이다. 바로 내가 모든 역경과 장애물을 만들었다. 폴 뉴먼의 이야기도 이를 증명해준다.

——————————— 폴 뉴먼은 미국 중동부의 작은 도시에서 태어났다. 그의 아버지는 운동기구 회사의 사장이었다. 뉴먼이 성장했을 때 2차 세계대전이 발발했다. 해군에 입대한 그는 운전병이 되고 싶었지만 색약증이 있어서 포기해야 했다.

전역 후 고향으로 돌아온 뉴먼은 캐년대학교에서 스포츠를 공부했다. 하지만 무릎 관절에 부상을 입고 운동을 그만둬야 했다.

이후 그는 배우로 방향을 틀었다. 처음에는 비중이 낮은 단역을 맡았다. 영화계에서 성공하려면 자신만의 특색을 갖추어야 한다고 생각한 그는 예일대학교 드라마 스쿨에 입학하여 본격적으로 연기 공부를 했다. 방학이면 단역도 마다하지 않고 연극에 출연했다.

브로드웨이에서 뮤지컬에 출연한 그는 우연히 워너브러더스의 한 고위층 인사의 눈에 들었다. 그리고 이 회사에 들어가 본격적으로 영화인으로의 삶을 살기 시작했다. 그는 연이어 영화에 출연했고, 연기력도 나날이 향상됐다.

50여 년간 그는 다섯 번이나 오스카 남우주연상 후보에 노미네이트됐다. 훌륭한 영화감독이기도 했던 그는 영화를 통해 부와 명예를 쌓아 행복한 예술가의 삶을 살았다.

1980년 어느 날, 그는 갑자기 샐러드드레싱을 만들어 친구들에게 선물하고 싶다고 생각했다. 드레싱을 만들면서 그는 '드레싱을 병에 담아 포장한 뒤 매장에서 팔면 어떨까?'라는 생각을 했다. 당시 식품매장에서 파는 드레싱에는 대부분 방부제와 인공조미료가 들어갔다. 하지만 그의 드레싱에는 첨가제가 들어가지 않았다. 건강에도 좋고 맛도 훌륭한 그의 드레싱은 친구들에게 인기가 많았다.

1982년, 폴 뉴먼은 자신의 이름을 딴 상표를 정식 출원하여 직접 판매에 나섰다. 이렇게 그는 예술인에서 기업가로 변신함으로써 자신의 한계를 뛰어넘었다. 훗날 맥도널드가 그의 드레싱을 기본 양념으로 채택하면서 그는 일약 식품업계의 제왕으로 우뚝 섰다. 그는 끊임없이 한계에 도전하여 자신을 뛰어넘었고, 노력의 결과 여러 분야에서 성공을 거둘 수 있었다.

모든 사람은 성공을 추구한다. 하지만 유대인은 진정으로 성공하려면 끊임없이 성장하고 부단히 자신을 뛰어넘어야 한다고 믿는다. 성공하고 싶다면 끊임없이 새로운 목표를 설정하라. 과거에 얼마나 많은 성공을 거뒀고 얼마나 많은 실패를 겪었는지는 상관없다. 오늘의 내가 과거의 나를 뛰어넘어야만 성공할 수 있다.

유대인 생각공부

유대인은 가장 뛰어넘기 어려운 존재를
자기 자신이라 생각한다.
인간에게 가장 큰 적은 나 자신이며,
나를 뛰어넘는 것은 스스로를 자각하는 과정이다.

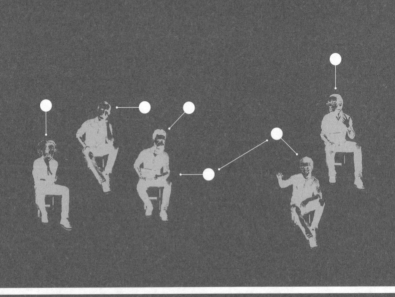

9장

기회와 생각공부

잡지 않은 기회는 공상이다

어머니의 가르침,
바세트 정신

유대인은 2000년 동안 전 세계를 정처 없이 떠돌아다녔다. 극한의 생존 환경 속에서 인내와 기다림을 배워야 했고, 자신을 낮춰 살아남는 법을 체득해야 했다. 하지만 결코 포기하지 않았고, 개인과 민족의 지혜를 모아 기적을 일궈냈다. 유대인의 성공은 상당 부분 인내심의 승리이기도 하다.

성공의 한 가지 이름은 인내이고, 또 다른 이름은 기다림이다. 인내심은 성공을 꿈꾸는 사람이 반드시 갖춰야 할 요소다. 아직 인내심을 갖추지 못했다는 생각이 든다면 베일리의 이야기에 주목하자. 인내를 성공으로 만든 유대인의 지혜를 엿볼 수 있을 것이다.

─────────────── 베일리는 어릴 때 부모를 따라 뉴욕으로 이주해 가난한 사람들이 사는 지역에 정착했다. 그의 아버지는 목공 일을 해서 생활비를 벌었고, 어머니는 집안일과 양육을 도맡았다.

몸이 약했던 베일리의 아버지는 풍습성 관절염 때문에 누워 지내는 날이 많았다. 하지만 베일리의 어머니는 불평하지 않았고, 자주 '바세트'라고 말했다. 유대인의 언어로 바세트는 '이는 하늘의 뜻이다. 우리의 삶은 언제나 힘든 일 뒤에 즐거움이 찾아온다'는 의미다. 베일리의 어머니는 이런 신념으로 어려움을 이겨냈다.

베일리는 점점 성장했고, 의사가 되기 위해 의과대학에 들어갔다. 숙식비를 절약하기 위해 집에서 가장 가까운 러트거스 뉴저지 주립대학의 뉴어크 캠퍼스를 선택했다. 베일리는 열심히 공부했고, 매우 좋은 성적을 거뒀다.

어느 날, 학과 주임교수는 베일리가 본과에 다닐 수 있는 장학금을 받게 되었다고 알려주었다. 하지만 다음 소식은 실망스러웠다. 여전히 1만 달러의 비용을 내야 한다는 것이었다. 비용을 감당할 수 없었던 베일리는 결국 자퇴를 선택했고, 집으로 돌아와 어머니께 자신은 훌륭한 의사가 될 수 없을 것이라고 말했다. 어머니는 그런 베일리를 위로하고 격려했다.

"아들아, 너무 속상해하지 마라. 더 좋은 일이 생길지도 모르잖니?"

얼마 후 베일리는 한 레스토랑에서 일하게 됐다. 일 년 정도 일해서 학비를 낼 만큼의 돈을 번 베일리는 뉴저지 주의 한 의과대학에 다니면서 낮에는 일하고 밤에는 다시 공부를 했다.

졸업 후 약품 판매 일을 시작한 베일리는 처음 접하는 상품 판매의 매력에 빠졌다. 훗날 베일리는 서부의 한 실내 인테리어 업체로 이직했다. 그곳에서 일하면서 베일리는 자신이 인테리어를 담당한 집을 좋아하는 고객이 의외로 많다는 사실을 발견했다. 고객들의 취향을 만족시키려면 용품을 많이 구비해둬야 했는데, 그가 일하는 곳은 규모가 작아서 고객들이 원하는 모든 용품을 구비할 수 없었다. 그렇다보니 고객들이 여러 번 발품을 팔아야 했다. 이를 파악한 베일리는 궁리 끝에 좋은 아이디어를 생각해냈다.

'인테리어에 필요한 물품을 한 매장에 다 갖춰놓으면 고객 입장에서는 훨씬 편하지 않을까?'

그는 자신의 아이디어가 받아들여지기를 바라며 사장에게 제안했다. 하지만 사장은 베일리가 자신의 권위를 무시한다고 생각해 그를 해고해버렸다. 좋은 아이디어를 제시했으나 오히려 회사에서 해고되자 베일리는 큰 충격을 받았다. 당시 베일리는 대학에 다니는 두 자녀가 있어서 돈이 많이 필요했고, 은행에서 담보 대출을 받은 돈도 정기적으로 갚아야 했다.

베일리는 직장을 잃었다는 사실을 견딜 수 없었다. 초조함과 근심 속에서 베일리는 어머니가 자주 말씀하셨던 '바세트'를 떠올렸다. 그러자 마음이 평온해지는 것을 느꼈다.

베일리는 대규모 인테리어 제품 판매장을 차려 자신이 세운 꿈을 이뤄야겠다고 생각했다. 그러고는 샐러리맨들을 대상으로 판매장을 경영할 계획을 세웠다. 샐러리맨들을 대상으로 삼은 이유는 인테리어를 원하는 고객 대부분이 샐러리맨이었기 때문이다.

계획이 세워지자 베일리는 뜻이 맞는 친구 몇 명을 모아 대형 인테리어 회사를 차렸다. 이들은 최선을 다해 회사를 키웠고, 사업은 크게 번창했다. 베일리는 엄청난 부자가 되었다.

어머니의 가르침과 영향 덕분에 베일리는 역경을 극복하는 법을 배웠고, 역경이 지나간 뒤에는 밝은 미래가 찾아온다는 사실을 깨달았다. 인내심을 발휘했기에 베일리는 자신의 꿈을 실현할 수 있었다.

성공으로 가는 길은 순조롭지 않다. 이 과정에서 대부분의 사람들이 어려움과 위험, 절망을 경험한다. 이럴 때 바세트 정신을 명심한다면 성공에 한 걸음 더 가까워질 것이다.

─────────── 한 청년이 있었다. 그는 집안이 무척 가난하여 어릴 때부터 공부를 제대로 하지 못했다. 그에게 작은 꿈이 있다면 도시에서 일하면서 집에 보탬이 되는 것이었다. 하지만 도시에 와보니 일자리를 구하기가 하늘의 별 따기만큼 어려웠다. 도시에서는 어느 누구도 그에게 관심을 갖지 않았다. 일단 도시에 정착하여 살 수 있는 가장 기본적인 통행증인 학력이 너무 낮았다. 며칠을 돌아다녔지만 어디에서도 일자리를 구할 수 없었다.

낙심한 청년은 지푸라기라도 잡는 심정으로 당시 유명 은행가였던 로스에게 무작정 편지를 썼다. 편지에서 그는 자신의 가혹한 운명에 불만을 표시하며 "제게 돈을 빌려주신다면 학교에 다니면서 좋은 직장을 구하고 싶습니다"라고 썼다.

편지를 부치고 나서 답신을 기다리는 것이 그의 유일한 일과가 됐다. 가능성이 거의 없는 답신에 실낱같은 희망을 걸 수밖에 없었고, 정말 답신이 올지도 모른다고 생각했다.

며칠 뒤 수중에 있던 돈을 거의 다 썼지만 로스에게서는 답신이 오지 않았다. 청년은 짐을 꾸려 자신을 받아주지 않는 이 도시를 떠날 채비를 했다. 바로 그때 집주인이 뛰어들어와 편지가 왔다고 알려주었다. 로스가 보낸 편지였다. 청년은 뛸 듯이 기뻐하며 서둘러 편지를 뜯었다. 로스의 편지는 예상 밖의 내용을 담고 있었다.

"드넓은 바다에 많은 물고기가 살고 있었습니다. 상어를 제외한 모든 물고기는 부레가 있었지요. 부레가 없는 상어는 원래 물속에서 생존할 수 없었을 겁니다. 왜냐하면 행동이 매우 불편하고 조금만 바다 속에 머물러 있어도 바닥으로 가라앉아 죽을 테니까요. 생존을 위해 상어는 강인한 인내력을 갖고 끊임없이 움직여야 했습니다. 상어가 살아남기 위해 얼마나 많은 고통을 이겨냈는지, 얼마나 많은 노력을 기울였는지 우리는 상상하기 어렵습니다. 상어는 태어난 순간부터 죽을 때까지 끊임없이 몸을 움직여야 하지요. 다른 물고기들은 부레가 있다는 것에 매우 감사해야 할 겁니다. 하지만 오랜 시간이 흐르자 상어는 이로 인해 강한 체력을 갖게 되었고, 동일종 가운데 가장 용맹한 물고기가 되었습니다. 이렇게 힘겨운 노력 덕분에 상어는 바다의 절대 제왕이 될 수 있었지요."

그러면서 이렇게 끝맺었다.

"이 도시는 드넓은 바다와 같습니다. 학력이 뛰어난 사람은 도처에 널려 있죠. 그러나 성공한 사람은 매우 적습니다. 당신은 지금 부레가 없는 상어와 다를 바 없습니다."

그날 밤 그는 오래도록 잠을 이루지 못했다. 귓가에 로스의 말이 계속 메아리쳤다. 순간 자리에서 벌떡 일어난 그는 생각을 바꾸기로 했다. 다음 날 아침, 그는 여관 주인에게 자신을 종업원으로 써달라고 부탁했다. 밥만 먹게 해준다면 월급은 한 푼도 받지 않겠다고 했다. 여관 주인은 값싸게 일을 시킬 수 있는 종업원이 생기자 흔쾌히 수락했다.

10년 뒤 청년은 사람들이 부러워하는 큰 부자가 되었고, 은행가 로스의 딸을 아내로 맞이하는 행운까지 얻었다.

인내심이 없다면 역경을 참아낼 의지도 없고, 고생을 이겨낼 강인함도 없다. 인내심이 없다면 어떤 일도 충실히 해낼 수 없고, 완벽하게 해낼 수도 없다. 당신이 해야 할 일은 살아가면서 맞닥뜨리는 수많은 절망 속에서 항상 평정심을 유지하고, 삶의 장력을 굳건히 지켜나가며, 인내하고 또 인내하는 것이다. 좌절을 극복하고, 미래와 꿈에 대한 자신감을 갖고 고난을 헤쳐나간다면 아무리 거대한 역경이 막아선다 해도 그것을 밟고 일어설 수 있다.

많이 주우려면
많이 굽혀야 한다

　　　　　　빌 게이츠에게서 기고만장한 표정을 본 적이 있는가? 자기가 아니면 누가 이런 일을 하겠냐는 오만한 말을 들어본 적이 있는가? 대부분이 아니라고 답할 것이다.

　살다 보면 매우 단순하면서도 심오한 이치를 깨닫게 되는데, 바로 성공은 겸손에서 나온다는 결론이다. 그렇다, 성공한 사람은 대부분 겸손하다.

　장자도 『장자』 양생주 편에서 '오생야유애 이지야무애'라고 하여 '내가 살아갈 날은 끝이 있지만 내가 알아야 할 것은 끝이 없다'고 했다. 배움에 끝이 없음을 명확하게 밝힌 것이다. 비유하자면 이 세상에는 무수히 많은 금광이 존재하는데, 당신은 이 중 한 상자의 금만 가지고 있는 것과 같다. 그러므로 겸손함을 배우고 익혀야 한다. 그래야 더 많은 금을 찾을 수 있는 기회가 온다. 바알 셈 도프라고 불리는 훌륭한 유대교 랍비에 관한 이야기를 보자.

──────── 어느 날, 한 제자가 바알 셈 도프에게 질문했다. "스승님께서는 진리란 어디에나 존재한다고 말씀하셨습니다. 그렇다면 진리는 길거리의 작은 돌멩이처럼 흔하고 평범한 것인가요?"
스승이 대답했다.
"그렇단다. 그래서 누구나 쉽게 진리를 얻을 수 있지."
그러면서 덧붙였다.
"다만 돌멩이처럼 작은 물건을 많이 주우려면 반드시 허리를 굽혀야 하지. 하지만 사람들은 허리를 굽힐 줄 모르는구나."

바알 셈 도프는 허리를 굽혀야만 돌을 주울 수 있다는 비유를 통해 겸손함을 배워야 진리를 얻을 수 있다는 가르침을 전하고 있다. '바알 셈'은 아주 특별한 힘을 가진 사람에게 부여하는 일종의 칭호다. 그는 자신에게 기꺼이 헌신하겠다는 제자를 1만 명이나 길러내서 바알 셈 이라는 칭호를 얻었다. 이 짧은 일화만 보더라도 유대인이 겸손을 얼마나 중요하게 생각하는지 알 수 있다. 또 그들은 겸손함과 지혜가 밀접한 관계에 있다고 생각한다. 한 유대인 사업가의 말을 들어보자.
"누군가 자신이 매우 행복한 사람이라고 생각한다면 그는 정말 행복할 것이다. 하지만 그가 자신을 똑똑한 사람이라고 생각한다면 그는 분명 어리석은 사람일 것이다. 왜냐하면 포도는 자랄수록 머리를 숙이기 때문이다. 마찬가지로 지혜로운 사람일수록 겸손하고 지혜가 부족한 사람일수록 자기를 드러내려는 충동이 강하다."

──────────── 세바스찬 크레스지라는 유명한 기업가가 있었다. 그는 3년에 걸쳐 30억 달러를 투자하여 1,550여 개의 할인 마트를 새로 세우고 기존의 800개 매장을 리모델링했다. 그가 이렇게 과감한 투자를 결정한 이유는 월마트와 경쟁하기 위해서였다.

당시만 해도 월마트는 현재와 같은 세계 최대 소매업체가 아니었다. 하지만 성장 잠재력이 매우 뛰어나서 세력 범위를 크레스지의 K마트가 있는 지역까지 확장할 움직임을 보이고 있었다. 그는 월마트에 대항하기 위해 수천 종에 달하는 상품 가격을 일제히 인하하여 가격 경쟁력을 높이려고 했다.

크레스지의 이런 결심에 주변 사람들은 크게 놀라 충동적으로 행동하지 말라고 충고했다. 하지만 크레스지는 이 말을 귀담아듣지 않았다. 그러고는 가격 인하로 인한 손실을 만회하기 위해 수익성이 높은 의류 판매 비중을 늘렸다.

5년이 지났다. 거액을 투자하여 야심차게 추진한 크레스지의 전략은 성공하지 못했다. 이 계획을 추진한 이후 초반 3년 동안 1제곱피트당 판매 수익은 167달러에서 141달러로 떨어졌다. 의류도 재고가 쌓이거나 떨이로 팔아야 할 만큼 실적이 형편없었다. 더구나 K마트의 가격 할인에 맞서 월마트도 같은 수준으로 할인 행사를 시작한 탓에 원하는 만큼 고객을 끌어모으지도 못했다. 월마트의 한 관계자는 그의 실패를 두고 이렇게 말했다.

"아주 간단한 이치입니다. 저가 경쟁에서 우리를 이길 수 있는 곳은 없으니까요."

크레스지는 저가 경쟁에서 월마트에 참패했고, 이사회의 결정으로 해고당하고 말았다. 아이러니하게도 월마트는 가격 전쟁에서 별다른 피해를 입지 않았을 뿐더러 오히려 이윤과 주가가 크게 올랐다.

이 모두가 지나치게 충동적이고 자신의 무기를 숨길 줄 모르는 경영자의 오판에 의한 결과다. 비즈니스 현장은 영화 촬영장이 아니다. 관객의 박수를 받기 위해 과도한 액션을 취하는 자리가 아니라는 말이다. 주변 상황을 면밀하고 냉철하게 분석한 뒤에 한 걸음씩 확실히 나아가야 마지막에 승리할 수 있다. 크레스지의 실패는 이런 이치를 간과한 필연적인 결과다.

그는 스스로를 자신감 넘치고 두려움을 모르는 용맹한 호랑이쯤으로 생각했을 것이다. 하지만 맹목적이고 저돌적인 사람은 겉보기에는 멋있지만 실수할 경우 참담한 대가를 치러야 한다. 기회가 무르익지 않았고 아직 능력이 충분치 않다면 무기를 모두 드러내지 말고 자세를 낮춰 겸손해야 자세를 취해야 한다.

'세 명이 길을 가면 그중에는 반드시 나의 스승이 있다'는 말이 있다. 모든 사람은 장점을 갖고 있으므로 그의 장점을 본받아 발전의 계기로 삼아야 한다. 이렇게 겸손한 자세를 갖춰야 평상심을 유지할 수 있고, 세상 돌아가는 이치를 깨달아 주변 상황에 휩쓸리지 않는다. 겸손한 자세를 갖춘 사람은 또한 세상 만물을 포용하는 능력이 뛰어나고, 높은 위치에 있으면서도 위험에 빠지지 않으며, 재산이 많아도 함부로 사치하거나 과시하지 않는다. 어떤 일이 있어도 온몸에 가시가 돋친 교만한 공작이 되어서는 안 된다.

존 워너메이커가 만든
뜻밖의 기회

어리석은 사람은 기회를 포기하고, 평범한 사람은 기회를 기다리며, 똑똑한 사람은 기회를 만든다는 말이 있다. 당신은 이 중 어떤 부류에 속하는가? 자신 있게 세 번째라고 말할 수 있다면 이보다 더 좋을 수 없다. 하지만 우리 주위에는 이렇게 능동적이고 적극적인 사람보다 첫 번째와 두 번째 부류에 속하는 사람이 훨씬 많다.

유대인은 기회를 만드는 데 탁월한 수완을 가지고 있다. 그들은 어떤 기회도 놓치는 법이 없으며, 그냥 앉아서 기회를 기다리는 일도 없다. 한 유대인 현자는 이렇게 말했다.

"성공하고 싶은 자여, 마땅히 기회를 스스로 만들어야 할 것이다. 어리석게 길가에 앉아 사람이 지나가기를 기다리면서 재물과 권력으로 향하는 길을 함께 가자고 청하지 말지어다."

　　동서고금을 막론하고 성공한 사람 가운데 스스로 기회를 만들지 않은 사람은 없다. 마케팅의 아버지로 불리는 존 워너메이커도 마찬가지다.

───────── 시카고에서 개최된 상품전시회에 참가한 워너메이커는 아주 외진 구석 자리를 배정받았다. 이 소식을 들은 직원들의 표정에는 실망한 기색이 역력했다. 외진 구석 자리까지 찾아오는 손님은 거의 없어 상품을 홍보하기가 어려웠다. 워너메이커의 부스를 인테리어하는 새먼슨마저 차라리 부스를 포기하고 내년을 기약하라고 조언할 정도였다. 하지만 전혀 그럴 생각이 없었던 워너메이커는 이렇게 반문했다.

"기회가 절로 찾아온다고 생각하십니까? 아니면 스스로 만들어야 한다고 보십니까?"

그 말에 책임자가 대답했다.

"당연히 스스로 만들어야죠. 어떤 기회도 하늘에서 뚝 떨어지는 법은 없으니까요."

워너메이커가 웃으며 말했다.

"그러니까 지금이 바로 기회를 만들어야 할 시점입니다. 제 부스를 동양적인 색채가 나게 멋지게 꾸며주십시오."

새먼슨은 이에 화답하여 고대 아라비아 궁전 느낌이 나도록 부스를 꾸몄다. 그의 부스는 사람들이 한번 들르고 싶어 할 만큼 생동감이 넘쳤다. 워너메이커는 이 디자인이 무척 마음에 들었다. 이어 그는 몇 가지 비밀스러운 작업을 진행했다. 먼저 전시회 담당자에게 일러 새로 고용한 직원들에게 아라비아 국가의 의상을 입혔다. 여직원은 검은색 베일로 얼굴을 가리고 두 눈만 내놓도록 했다. 출품한 제품에 대해서는 아라비아에서 공수한 여섯 마리의 낙타가 운반하도록 조치했다. 마지막으로 풍선을 넉넉히 준비하게 했다.

아라비아 느낌이 물씬 풍기는 부스는 고객들의 이목을 집중시키기에 충분했고, 사람들은 워너메이커가 판매하는 상품에 관심을 보였다. 워너메이커의 부스를 특별 취재하는 기자도 있었다. 그의 부스는 일순간에 전시회에서 가장 인기 있는 공간이 되었다.

이와 함께 전시회장 상공에는 오색찬란한 풍선이 떠올랐다. 이 풍선들은 어느 정도 떠오르면 자동으로 터져서 그 안에 든 스티커가 바닥에 떨어지도록 특수 제작된 것이었다. 고객들은 호기심에 떨어진 스티커를 주웠고, 거기에는 '사랑하는 고객 여러분, 축하합니다. 이 스티커를 주운 고객님께서는 워너메이커 부스로 오셔서 기념품과 교환해 가십시오'라는 문구가 적혀 있었다.

사람들은 기념품을 받기 위해 너도나도 존 워너메이커의 부스로 몰려들었고, 그의 부스는 수많은 사람들로 북적였다. 반면 목 좋은 자리에 자리 잡은 부스들은 텅텅 비는 희한한 장면이 연출됐다.

며칠 동안 계속해서 풍선을 날렸고, 워너메이커의 부스는 더더욱 주목받았다. 전시회가 끝날 무렵 워너메이커는 2,000건이 넘는 계약을 체결했다. 이 중 500여 건의 계약금을 합쳐 보니 100만 달러가 넘었다.

워너메이커도 예상 밖의 대박에 놀랐다. 당연하지만, 전시회 조직위원회가 밝힌 바에 따르면 워너메이커의 부스를 찾아온 고객이 가장 많았다고 한다.

사고방식이 다르면 결과도 달라진다. 만약 워너메이커가 새면슨의 말을 받아들여 부스를 포기했다면 이런 드라마틱한 결과가 찾아왔을까? 결과가 가져다준 성공의 기쁨과 희열을 느낄 수 있었을까? 자리에 앉아 마냥 기회를 기다리거나 포기하는 사람도 있지만 자발적으로 나서서 기회를 만드는 사람도 많다. 이것이 보통 사람과 성공한 사람의 차이다.

유대인은 기회는 준비하는 사람의 몫이라고 생각하지 않는다. 그들은 기회가 하늘에서 뚝 떨어진다고 생각하지 않으며, 더구나 좋은 기회가 자신에게 떨어진다는 희망은 품지 않는다. 기회를 기다리는 것이 뭐가 문제냐고 할 수 있는데, 이런 소극적인 태도는 당신을 의기소침하고 후퇴하게 만든다. 더 높은 목표를 달성하고, 더 큰 성취감을 맛보고 싶다면 마땅히 스스로 나서서 기회를 만들어야 한다.

타인의 실수에서
기회를 찾아라

진정한 강자는 누구일까? 유대인은 문제의 이면에 숨은 기회를 볼 줄 알고, 타인의 경험과 교훈을 자신의 것으로 활용할 줄 아는 사람을 강자라고 생각한다.

누구나 크고 작은 실수를 하기 마련이다. 그러나 잘못을 하더라도 의미 없는 실수를 저질러서는 안 된다. 문제를 잘못 풀었는데 어디서 왜 틀렸는지 모른 채 다음번에도 똑같은 실수를 반복하여 실력이 늘지 않는 초등학생처럼 되어서는 안 된다. 실수나 잘못을 저질렀다면 이를 통해 경험과 교훈을 얻어야 한다. 동시에 문제를 해결하는 최상의 방법을 찾아야 한다. 그래야 문제를 해결함과 동시에 더 많은 기회를 발견할 수 있다.

유대인은 이 점을 믿어 의심치 않는다. 그들은 일상생활에서 저지르는 실수 속에 엄청난 기회가 있다고 믿으며, 그 잘못을 기회로 활용할 수 있다고 생각한다.

실제로 우리 주변에는 자신 또는 타인의 실수를 기회로 만든 사례가 매우 많다. 기회는 문제의 이면에 숨어 있는 경우가 많으며, 잘 찾아내면 그 안에서 돈을 벌어 부자가 될 있다.

───────────── 캔들은 몇몇 친구와 함께 물건을 사기 위해 어느 가게에 들어갔다. 날씨가 더워서인지 많은 사람들이 아이스크림을 고르고 있었다. 이때 부유해 보이는 한 부부가 들어오더니 아이스크림 두 개를 주문했다. 그런데 그 순간, 부부는 아이스크림을 먹고 있는 가난한 아이들을 보았고, 부인은 경멸스러운 표정을 지으며 가게를 나가버렸다.

부인의 행동에 많은 사람이 화를 내며 손가락질을 했다. 캔들의 친구도 이해할 수 없다는 듯 말했다.

"아니, 뭐 저런 사람들이 다 있지? 돈 없는 애들이 먹는 아이스크림 따위는 먹을 수 없단 뜻인가? 그럼 부자들만 먹는 아이스크림을 따로 만들어야겠네?"

이 말을 듣는 순간 캔들은 머릿속에 좋은 생각이 번개처럼 스쳐 지나가는 것을 느꼈다. 당시만 해도 부유함을 상징하는 아이스크림은 없었던 것이다. 이렇게 해서 탄생한 것이 고급 아이스크림의 대명사인 하겐다즈다. 캔들은 언젠가 이렇게 말했다.

"당시 그 부자는 가난한 아이와 같은 아이스크림 먹기를 거부했지. 정말 화가 나는 행동이었어. 하지만 사람들은 그녀의 비열함에만 주목했을 뿐 그 속에서 부를 창출할 기회는 보지 못했어."

아무런 의미 없이 던진 한마디가 누군가에게는 엄청난 기회를 제공한다. 지금 이 순간 이후 당신이 하겐다즈 아이스크림을 먹게 된다면 이 일화를 떠올리지 않을까? 물론 우리가 명심해야 할 것은 일화가 말하고자 하는 교훈이다. 기회는 모든 사람에게 공평하게 주어지지만 그것을 포착하는 사람만이 기회를 잡을 수 있다.

성공하고 싶은가? 그렇다면 기회가 오기를 기다리지 말고 기회를 잡기 위해 노력하라. 그럼 성공에 한걸음 더 가까워질 것이다.

부자의 생각은
무엇이 다른가

　　　　　　　　부자가 되고 싶다면 부자가 되기 위한 초석을 닦아야 한다. 만약 유대인에게 어떻게 그렇게 많은 돈을 벌었느냐고 묻는다면 서슴없이 부자의 지혜를 갖추라고 조언할 것이다. 결론부터 말하자면 두뇌는 돈 지갑을 결정하며, 부자의 사고방식과 지혜를 갖춰야만 부자의 대열에 합류할 수 있다.

――――――――　버틀러는 세상 물정 모르는 가난한 젊은이였다. 다른 많은 유대인처럼 돈을 벌어 부자가 되고 싶었지만 가진 돈도 없고, 기회도 찾아오지 않았다.

어느 날 버틀러는 한 부잣집을 찾아가 간청했다.

"선생님, 제발 여기서 3년만 일하게 해주십시오. 돈은 한 푼도 필요 없습니다. 먹여주고 재워만 주신다면 그것으로 충분합니다. 제발 부탁합니다."

부자 입장에서는 노동력을 거저 얻을 수 있으니 손해날 것이 없었다. 부자는 흔쾌히 버틀러의 청을 허락했다.

3년 뒤, 버틀러는 부자의 집을 떠났다. 그리고 10년 뒤 부자는 한 사교 모임에서 우연히 버틀러를 만났다. 그는 예전의 가난한 버틀러가 아니었다. 부자 역시 예전의 부자가 아니었다. 가세가 기울었기 때문이다. 부자가 된 버틀러의 모습에 부자는 호기심이 들었다. 버틀러가 떠날 때 약간의 돈을 주긴 했지만 겨우 몇 달 정도 기본 생활을 유지할 수 있는 수준이었기 때문이다.

부자는 버틀러를 찾아가 물었다. 자신을 찾아온 이유를 들은 버틀러가 웃으며 말했다.

"선생님, 제 비결은 쉽게 말씀드릴 수 없습니다."

"그럼 무슨 조건이라도 있나? 내가 비록 예전만큼은 못해도 필요하다면 돈을 내겠네."

"저는 선생님 돈이 필요 없습니다."

"그럼 뭐가 필요한가?"

"저는 3년간 선생님 밑에서 일하면서 많은 것을 배웠습니다. 선생님에 대한 감사를 표하고 싶으니 제 밑에서 3개월만 공짜로 일해 주십시오. 그러면 제 비결을 알려드리지요."

"좋네, 그렇게 하겠네."

3개월이 지났고, 그는 버틀러에게 돈 버는 비결을 가르쳐달라고 말했다. 버틀러가 웃으면서 말했다.

"이미 가르쳐드리지 않았습니까?"

의아해하는 과거의 부자에게 버틀러는 이렇게 덧붙였다.

"제가 돈을 벌 수 있었던 비결은 아주 간단합니다. 그저 부자들의 사고방식을 배웠을 뿐이지요. 물론 그 사고방식을 제 습관으로 바꾸려고 노력했습니다. 그리고 지난 석 달 동안 저는 그 모습을 모두 보여드렸습니다. 그렇게 하지 않았다면 아무리 돈이 많은 부자라도 한순간에 나락으로 떨어지고 가난해질 수 있으니까요."

과거의 부자는 버틀러의 말에 한숨을 쉬며 지난날의 자신을 반성했다. '부자가 되고 난 뒤 나는 오만해져서 내가 돈이 매우 많은 사람이라고 착각했구나. 세상은 끊임없이 바뀌는데 나만 바뀌지 않는다면 도태되고 퇴출당할 수밖에 없다. 과거에는 경쟁이 별로 치열하지 않아서 쉽게 성공을 거두고 안락한 삶을 살 수 있었지. 내 방식대로 살다가는 가진 돈을 모두 탕진하는 날이 올 수 있다는 생각은 하지 못했어.'

버틀러는 돈을 벌고 못 벌고의 차이는 생각에서 나온다는 사실을 잘 알고 있었다. 실제로 그의 성공과 과거 부자의 몰락은 모두 생각의 차이에서 결정났다. 유대인은 이런 지혜와 생각 방식으로 다른 사람이 발견하지 못한 기회를 찾아내고, 다른 사람이 놓친 기회를 잡아 부를 축적했다. 다음에 나오는 일화도 이를 잘 보여준다.

──────────── 한 기자가 가난한 산골 마을을 찾아갔다. 산기슭에서 양을 치는 소년을 발견한 기자가 그에게 다가가 물었다.

"너는 왜 양을 치고 있니?"

"돈을 모아서 장가를 가려고요."

"장가를 가서 뭐하려고?"

"아이를 낳으려고요."

"그럼 아이를 낳아서 무얼 하지?"

"양을 쳐야죠."

기자와 소년의 이야기에 많은 사람들이 피식 웃었을 것이다. 태어날 아이가 불쌍하다는 생각도 들었을 것이다. 돈에 대한 인식을 바꾸지 않는 한 이 소년은 결코 돈을 벌 수 없고, 가난에서 벗어날 수도 없을 것이다. 이런 사고방식은 비즈니스 세계에서는 절대 통하지 않는다.

소년처럼 죽을 때까지 가난하게 살고 싶은 사람은 없을 것이다. 그렇다면 유대인의 생각을 배울 필요가 있다. 머리를 쓰는 방식을 바꿔 다른 사람보다 민첩하게 생각하고, 부자들의 생각 방식에 가까워져야 한다. 이렇게 해야 끊임없이 스스로를 뛰어넘어 부에 조금 더 다가설 수 있다.

탐욕과
부자의 상관관계

마음을 우울하고 번잡하고 초조하고 고통스럽게 만드는 것은 무엇일까? 탐욕이다. 탐욕은 고통과 실망을 안겨줄 뿐만 아니라 그 자체로 엄청난 위험을 안고 있다. 결과적으로 탐욕은 더 많은 부를 안겨주거나 더 큰 행복을 느끼게 해주지 않는다.

───────── 니콜라스는 사는 게 재미없었다. 그렇다보니 항상 맥이 빠져 있었다. 계속 이렇게 살 수 없다고 생각한 니콜라스는 현자를 찾아가 어려움에서 벗어날 수 있는 비법을 알려달라고 부탁했다. 현자는 빙그레 웃어 보이고는 니콜라스에게 바구니 하나를 주면서 말했다.

"화려하고 웅장한 세계로 가 바구니에 네가 원하는 모든 것을 다 담아 보거라."

니콜라스는 매우 기뻤다. 이제 평생 누려도 모자랄 만큼의 부귀영화를 누리게 될 것이며, 더 이상의 고통과 방황은 없을 것이라 생각했다.

그는 금세 바구니를 채웠다. 바구니가 너무 작아서 좋아하는 것을 다 채울 수 없다는 점이 못내 아쉬웠다. 원하는 것을 더 채울 수 없게 되자 니콜라스는 앞서 담은 물건을 꺼낸 뒤 더 값지다고 생각하는 물건으로 바꿨다. 그는 이런 식으로 넣다 빼기를 계속 반복했다.

현자가 니콜라스에게 어떤 느낌이 드는지 물었다.

"너무 무거워서 제대로 움직일 수조차 없습니다."

그 말에 현자가 웃으며 말했다.

"이유가 뭔지 아는가? 바로 욕심이 많기 때문이네. 마음속에 욕심이 많아 만족할 줄 모르니 계속해서 스스로에게 부담을 주고 있는 거지. 스스로 억제할 줄 안다면 훨씬 가뿐해질 것이네."

이 말을 마친 뒤 현자는 사라졌다. 그제야 니콜라스는 깨달았다. 머리를 들어 바구니에 들어 있는 물건들을 보니 자신이 일상에서 사용하는 물건과 크게 다를 바 없었다.

현자의 말처럼 당신도 탐욕에 눈이 멀어 그것을 만족시키기 위해 계속해서 저울에 추를 올려놓고 있지는 않은가? 또 다른 일화에 주목해 보자.

———————————— 갈리는 남을 잘 돕고 베푸는 유대인이다. 그는 타인을 도울수록 자신이 더 많은 것을 받는다고 생각했다. 이런 성품 때문에 모든 사람들이 갈리를 좋아했다.

반대로 로버트는 탐욕스럽고 인색한 석탄회사 사장이었다. 그는 가난한 사람을 도와주지 않을 뿐 아니라 그들을 깔보기 일쑤였다. 그의 이런 말과 행동은 많은 사람들의 반감을 샀고, 어느 누구도 그와 사업 파트너가 되려 하지 않았다.

유난히 추웠던 어느 겨울의 일이다. 초겨울인데도 벌써 큰 눈이 여러 번 내리고, 예상보다 빨리 추워진 날씨 탓에 유대교 교회는 겨울을 날 수 있는 충분한 양의 석탄을 준비하지 못했다. 상황이 어려워지자 누군가가 로버트에게 석탄을 기부 받으라고 제안했다. 교회 담당자는 로버트에게 여러 차례 편지를 보냈다. 하지만 답장은 오지 않았다. 교회는 갈리를 통해 로버트에게 석탄을 기부 받을 수 있는지 물어보기로 했다. 갈리 역시 로버트의 인색함을 알고 있는지라 그에게 석탄을 기부 받는 것은 불가능할 것이라 생각했다.

그 순간 한 가지 방법이 떠올랐고, 그는 곧 로버트에게 편지를 보냈다. 편지에 그는 교회에 열 수레분의 석탄을 제공해주기 바란다고 썼다. 갈리의 편지를 받은 로버트는 무척 불쾌했지만 자신과 거래를 하는 갈리의 요청을 무시할 수 없어 결국 이렇게 답장을 보냈다.

"우리 회사는 기부를 한 전례가 없습니다. 이번에도 전례를 깰 수 없습니다. 다만 교회에 필요한 양을 절반 가격으로 팔겠습니다."

교회도 이 제안에 동의했고, 다섯 수레분의 석탄을 먼저 구매한 뒤 나머지는 나중에 다시 상의하기로 했다. 로버트는 사람을 불러 다섯 수 레분의 석탄을 교회로 운반하도록 지시했다.

석탄을 받은 뒤 교회 측은 아무런 후속 조치를 하지 않았다. 석 달이 지 났다. 로버트는 교회에 편지를 보내 빨리 석탄 값을 지불하라고 독촉 했다. 얼마 후 교회에서 답신이 도착했다.

"우리로서는 당신이 왜 돈을 달라고 재촉하는지 이해할 수 없습니다. 당신은 저희에게 열 수레분의 석탄을 반값에 판다는 데 동의했습니다. 다섯 수레분의 석탄은 당신이 할인해준 가격과 정확히 일치합니다. 우 리는 이 다섯 수레의 석탄만 필요하고 나머지 다섯 수레의 석탄은 필 요하지 않습니다."

편지를 읽은 로버트는 화가 나 몸을 부르르 떨었다. 갈리에게 속았다 는 사실을 깨달았지만 이미 때는 늦었다.

돈을 좋아한다고 문제 될 것은 없다. 하지만 돈을 벌고 지키기 위해 지나치게 집착하는 것은 병이다. 유대인은 많은 돈을 벌고 싶어 하지 만 돈에 집착하지는 않는다. 오히려 절제할 줄 안다. 게다가 그들은 이 렇게 번 돈을 타인을 돕는 데 사용할 줄 안다. 바로 이 점 때문에 유대 인은 자신들의 부를 지킬 수 있었고, 더 많은 돈을 벌기 위해 노력하게 되었다.

공상만으로는
어떤 것도 이룰 수 없다

지능지수가 높은 사람은 상상만으로도 부를 거머쥘 수 있을까? 그렇지 않다. 쓸데없는 공상으로는 결코 성공할 수 없다. 적극적인 행동과 실천만이 부를 쌓는 지름길이다. 유대인은 이 점을 굉장히 중요시하며, 또 이를 잘 실천한다. 만약 공상에 빠져 있다면 한시라도 빨리 벗어나 마땅히 당신이 해야 할 일을 하기 바란다.

──────────── 조지는 한 회사의 사장으로 사업을 크게 확장했다. 하지만 10여 년까지만 해도 그는 잘 알려지지 않은 대형 마트에서 식품 코너 검수자로 일했다. 검수원으로 일할 때의 그는 자타공인 매우 근면하고 성실한 젊은이였다. 하지만 어떤 일을 계기로 자신에 대한

평가를 완전히 바꿔버렸다.

어느 날 그는 업무를 마친 뒤 동료와 잡담을 하고 있었다. 그때 지배인이 다가오더니 주변을 훑어보고는 눈짓으로 자신을 따라오라고 했다. 그러고는 생필품 코너로 가 어지럽게 흩어져 있는 물건을 정리하기 시작했다. 그는 흩어져 있는 물건을 하나씩 원래 자리로 되돌려놓았다. 그 순간 조지는 지배인의 의도를 알아차렸다. 지배인은 조지가 맡은 일만 하지 말고 스스로 알아서 좀 더 몸을 움직여주기를 기대했던 것이다.

이 일을 계기로 조지는 큰 깨우침을 얻었다. 업무에서 한 단계 앞서나가려면 시키는 일만 하는 수동적인 자세에서 벗어나 능동적이고 자발적으로 일해야 한다는 사실이었다.

그때부터 조지는 자신이 맡은 일을 끝낸 뒤 알아서 다른 일을 했다. 이렇게 일하는 동안 따분하고 재미없다고 생각했던 일이 점점 재미있어지는 것을 느꼈다. 동료들 역시 조지에게 고마워하며 호감을 표했다. 이뿐만이 아니었다. 조지는 늘어난 업무를 통해 더 많은 경험과 지식을 쌓았고, 용기와 능력도 갖추게 됐다.

이런 경험은 그의 삶과 사업에 큰 영향을 주었다. 과거의 수동적인 방관자에서 벗어나 진지하고 적극적이며 책임감 있는 조지가 됐기 때문이다. 지위 또한 바뀌어 평범한 검수원에서 명실상부 성공한 경영자가 되었다. 사업에서 성공한 뒤에도 조지는 여전히 습관을 이어가면서 적극적이고 능동적으로 일에 몰두하고 있다.

조지는 적극적이고 능동적인 자세 덕분에 성공했다. 만약 지배인의 눈짓이 없었더라면 조지는 여전히 식품 코너의 검수원에 머물렀을 것이다. 적극적인 자세가 성공에서 얼마나 중요한지 잘 보여주는 사례다. 사실 긍정적이고 적극적인 자세는 주어진 과제를 수행할 때만 유용한 것이 아니라 인생 전반에서 엄청난 역할을 한다. 자율과 책임이 습관으로 자리 잡을 때 비로소 성공에 한걸음 더 다가설 수 있다.

유대인은 결코 운명대로 살거나 귀인이 나타나 도와주기를 기다리지 않는다. 행복과 성공은 결코 남이 줄 수 없으며, 스스로 노력해서 얻어내야 하는 것이라 믿는다.

──────── 한 유대인이 회사를 차려 직원을 뽑는다고 공고를 냈다. 총 10명이 응시했고, 면접관은 이들에게 똑같은 문제를 냈다. 방 안에 있는 장롱을 어떻게 해서든 밖으로 옮기는 문제로, 생각할 시간으로 사흘이 주어졌다.

모두 불가능하다고 생각했다. 왜냐하면 장롱이 쇠로 만들어진 데다 부피가 너무 크고 겉보기에도 무척 무거워 보였기 때문이다. 아무리 생각해도 사람의 힘으로는 옮길 수 없을 것 같았다.

주어진 사흘이 지났다. 9명이 답안을 제출했는데, 생각이 모두 제각각이었다. 지렛대의 원리를 이용한다고 답한 응시자도 있고, 장롱을 분해하여 옮긴 뒤 다시 조립하면 된다고 답한 응시자도 있었다. 하지만 마지막 열 번째 응시자는 답변을 내놓지 않았다.

그는 아주 약하고 호리호리해 보이는 유대인 청년이었다. 그는 사무실로 들어가더니 아무 말도 없이 장롱을 번쩍 들어 밖으로 옮겼다. 나머지 응시자들은 모두 놀라 어안이 벙벙해졌다. 알고 보니 장롱은 진짜 쇠가 아닌 스티로폼으로 만든 것으로 표면에 색깔을 입힌 것이었다.

이것이 바로 유대인이 응시자를 테스트하는 방식이다. 이 일화는 적극적이고 능동적으로 행동해야만 일을 제대로 완수할 수 있다는 평범한 진리를 잘 보여준다. 사람들이 난관 앞에서 힘없이 무릎을 꿇는 이유는 그것이 해결할 수 없을 만큼 어렵기 때문이 아니라 겉으로 보여지는 모습에 압도당해 지레 겁을 먹고 포기하기 때문이다.

유대인의 성공은 결코 우연이 아니다. 많은 경우 그들은 자신만의 생각 방식과 행동으로 성공을 거둔다. 어려움이 닥쳤을 때도 끝까지 밀어붙이겠다는 각오를 다진다. 앞날이 밝지 않거나 위험이 많다는 이유로 포기하지도 않는다. 유대인은 공상은 어떤 문제도 해결해주지 않는다는 사실을 잘 알고 있다. 그보다는 적극적으로 나서서 상황을 파악하고, 현실적이고 실현 가능한 행동 계획을 세워야 최대한 빨리 문제를 해결할 수 있다고 생각한다.

부자가 된 자신의 모습만 상상하고 있는가? 그렇다면 한시라도 빨리 생각을 접고 당장 밖으로 나가 행동하기 바란다.

O

유대인 생각공부

어리석은 사람은 기회를 포기하고,

평범한 사람은 기회를 기다리며,

똑똑한 사람은 기회를 만든다.

성공한 사람 가운데 스스로 기회를 만들지 않은 사람은 없다.

O

유대인 생각공부

초판   1쇄 발행   2015년 11월 2일
개정판 1쇄 발행   2019년 4월 30일
개정판 7쇄 발행   2023년 9월 5일

지은이   쑤린
옮긴이   권용중
펴낸이   유성권

편집장   양선우
책임편집   윤경선   **편집**   신혜진
해외저작권   정지현   **홍보**   윤소담 박채원
마케팅   김선우 강성 최성환 박혜민 심예찬 김현지
제작   장재균

펴낸곳   ㈜이퍼블릭
출판등록   1970년 7월 28일, 제1-170호
주소   서울시 양천구 목동서로 211 범문빌딩(07995)
대표전화   02-2653-5131 | 팩스 02-2653-2455
메일   milestone@epublic.co.kr
포스트   post.naver.com/epublicmilestone
페이스북   www.milestonebook.com

● 이 책은 2015년에 출간된 〈유대인 생각공부〉의 개정판입니다.
● 이 책은 저작권법으로 보호받는 저작물이므로 무단 전재와 복제를 금지하며,
   이 책 내용의 전부 또는 일부를 이용하려면 반드시 저작권자와 ㈜이퍼블릭의
   서면 동의를 받아야 합니다.
● 잘못된 책은 구입처에서 교환해 드립니다.
● 책값과 ISBN은 뒤표지에 있습니다.

마일스톤 Milestone 은 (주)이퍼블릭의 경제경영/자기계발/인문교양 브랜드입니다.

이 도서의 국립중앙도서관 출판예정도서목록(CIP)은 서지정보유통지원시스템 홈페이지(http://seoji.nl.go.kr)와
국가자료공동목록시스템(http://www.nl.go.kr/kolisnet)에서 이용하실 수 있습니다.(CIP제어번호: CIP2019013231)